GASPARD WAMPACH

Docteur en Droit. — Lauréat de l'École des Sciences politiques

Le Dossier de la Guerre

I

LE PRÉTEXTE
LE GROUPEMENT DES PUISSANCES

PARIS

LIBRAIRIE FISCHBACHER

88, RUE DE SEINE

1915

Tous droits réservés.

LE DOSSIER DE LA GUERRE

GASPARD WAMPACH

Docteur en Droit. — Lauréat de l'École des Sciences politiques

Le Dossier de la Guerre

I

LE PRÉTEXTE
LE GROUPEMENT DES PUISSANCES

PARIS
LIBRAIRIE FISCHBACHER
33, RUE DE SEINE

1915
Tous droits réservés.

PRÉFACE

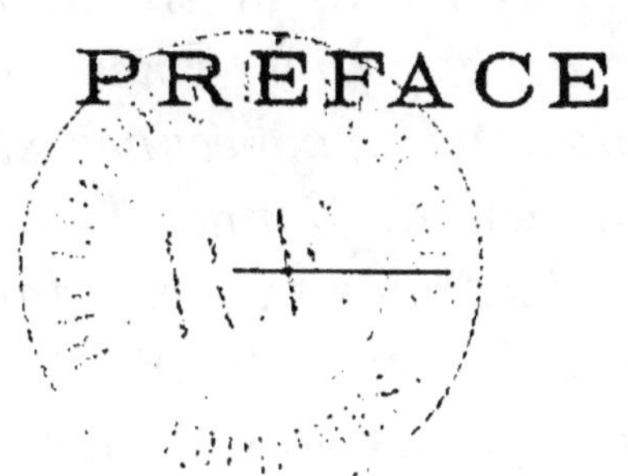

Ce petit ouvrage est la très modeste contribution qu'un non-combattant involontaire apporte à l'œuvre de défense de la civilisation contre la barbarie.

Deux empires de proie, rejoints sur le tard par la Turquie agonisante, menacent le magnifique héritage des nations libres. La lutte est âpre et sans merci. L'ennemi qui l'a préparée pendant quarante ans est puissant et redoutable; il dispose de la plus formidable machine de guerre que l'univers ait jamais vue.

Il doit être vaincu, terrassé, anéanti pour que les hommes puissent vivre, respirer, penser librement.

La victoire est nécessaire. Vaincre ou mourir; to be or not to be : les empires teutons invoquent la maxime de Shakespeare pour voiler leurs ambitions; les Puissances alliées l'invoquent parce qu'ainsi l'exige leur devoir suprême. La vie ne vaut pas d'être vécue si la liberté ne l'ennoblit et si le divin patriotisme ne l'illumine. « Dominer les nations européennes et imposer une paix qui, au lieu de donner la liberté aux autres pays, les place sous sa dépendance » : tel est, dans l'opinion de sir Edward Grey interprétant les déclamations des pangermanistes, l'idéal de l'Allemagne. « Mieux vaudrait, ajoute le chef du Foreign Office, périr ou quitter l'Europe. » La cruelle alternative s'impose à tous ceux que les hasards de la vie ont initiés aux beautés de l'administration prussienne et allemande.

Le professeur Ostwald, lauréat du prix Nobel, prétend « que l'Allemagne, grâce à son organisation, a atteint une étape de civilisation plus élevée que les autres peuples », et annonce « que la guerre, un jour, fera participer ceux-ci, sous la forme de cette organisation, à une civilisation plus élevée ». Les peuples libres ne veulent ni de « cette civilisation plus élevée », ni de la kultur que nous avons vue à l'œuvre en Belgique, dans les départements français occupés par les hordes, en Serbie, en Asie mineure. Nous ignorions, jusqu'en 1914, que les plus beaux fruits de la civilisation sont le viol et le meurtre, le brigandage et le vol, le pillage et le sadisme, l'incendie et le massacre, le mensonge et l'orgie...

La victoire est certaine. *En Flandre comme en Pologne, en Galicie comme sur la Marne, en Serbie comme sur les bords de la Mer Noire, les hordes avides de sang ont été arrêtées. « Nous avons la certitude du succès », a dit M. René Viviani dans son génial discours du 22 décembre 1914. Les événements de ces derniers mois et les aveux involontaires des agresseurs ont confirmé la parole promettante de l'éminent homme d'Etat. Le droit ne meurt pas et la liberté est immortelle. Mais la lutte n'est pas terminée. Il fallut, tout d'abord, résister au premier choc des Barbares qui avaient longuement préparé et organisé la guerre : on résista. Il faut vaincre maintenant, — et on vaincra.*

Chacun doit, dans la mesure de ses forces, contribuer au succès final.

Les jeunes classes que nous admirons et envions sont sur le front immense, prêtes à tous les sacrifices. « L'homme, a écrit Dostoïevsky qui fut un grand poète et un penseur profond, ne va pas à la guerre pour tuer d'autres hommes. Il y va pour sacrifier sa vie. Offrir sa vie pour défendre sa patrie et défendre ses frères : l'humanité ne connaît point de plus noble sentiment. » Inclinons-nous très bas devant les héros ano-

nymes qui combattent, souffrent et meurent pour la patrie et la liberté! Les femmes au cœur intrépide et les hommes dont l'âge ou les infirmités ont diminué les forces physiques réconfortent les soldats que la maladie a touchés ou qu'a frolés la mitraille. D'autres se dévouent aux victimes infiniment pitoyables que le flot inhumain a chassées vers les régions vierges du contact impur.

Entre toutes les classes de la société, l'union s'est faite, sublime et sacrée. Nos amis anglais ont perdu jusqu'au souvenir des grandes luttes d'antan : sir Edward Carson fraternise avec Mr. John Redmond, Mr. Lloyd George avec Mr. Austen Chamberlain. Mr. Balfour avec Mr. Asquith. La grande Russie est unie sous le sceptre du Tsar; l'ouragan venu de l'ouest a chassé les nuages qui assombrissaient jadis le magnifique ciel russe. La France héroïque ne connaît plus de partis ni de sectes. « Il n'y a, pour l'heure, a dit M. René Viviani le 22 décembre 1914, qu'une politique : le combat sans merci jusqu'à la libération définitive de l'Europe, gagée par une paix pleinement victorieuse. C'est le cri qui s'est échappé de toutes les poitrines, lorque, dans la séance du 4 août, s'est levée, comme l'a si bien dit M. le Président de la République, l'union sacrée qui, à travers l'histoire, sera l'honneur du pays. C'est le cri que répètent tous les Français, après avoir fait disparaître les désaccords où nous nous sommes si souvent acharnés et qu'un ennemi aveugle avait pris pour des divisions irrémédiables. C'est le cri qui s'élève des tranchées glorieuses où la France a jeté toute sa jeunesse et toute sa virilité. »

Aussi longtemps que, confiante dans le concours gratuit de Dieu le Père qui, dans l'opinion du professeur docteur Ostwald, « est réservé chez elle à l'usage personnel de l'Empereur », dans l'invincibilité des légions dont la brutalité décuplait le nombre et dans la puissance des obusiers de 420 construits par Alfred Krupp von Bohlen und Halbach, docteur honoris causa de l'Université de Bonn, l'Allemagne pouvait espérer une victoire rapide, elle viola librement toutes les règles du droit des gens, massacra innocents et coupables et assuma toutes les responsabilités de la guerre.

« De quel côté est le droit ? » demanda Maximilien Harden ; et il répondit : « Du côté où se trouve la force. » — « Ce n'est pas contre notre volonté, écrit-il ailleurs, que nous nous sommes jetés dans cette aventure gigantesque. Elle ne nous a pas été imposée par surprise. Nous l'avons voulue ; nous devions la vouloir. »

Quand, « *troublé dans l'ivresse de son rêve de victoire* » *par la vaillance des troupes alliées, le sanglant Empire se soucia sur le tard de l'opinion du monde, il essaya de rejeter sur la Russie, l'Angleterre, parfois même sur la France, les responsabilités de la guerre. Des cargaisons de libelles mensongers furent acheminées vers les pays neutres ; dans les chaumières belges ensanglantées par leurs compatriotes, les généraux von der Goltz et von Bissing firent distribuer des brochures accusant stupidement le Gouvernement du roi Albert. Il fallut endiguer les torrents de mensonges. Les recueils diplomatiques publiés depuis les premiers jours d'août 1914 par les divers Gouvernements ont fait justice sommaire des grossières inventions. Le 22 décembre 1914, M. René Viviani déclara : « Au-dessus de tous les pesants mensonges qui n'abusent même plus les crédulités complaisantes, la vérité est apparue. » Il importe de la rendre assimilable aux simples.*

C'est pourquoi nous avons écrit ce petit ouvrage. Le premier volume expose brièvement le prétexte de la guerre, le groupement des Puissances européennes, les signes annonçant la proximité du conflit. — Le deuxième volume analyse les négociations diplomatiques qui se sont poursuivies du 23 juillet au 4 août 1914. — Dans le troisième volume nous avons réuni les pièces essentielles du Dossier de la Guerre (1).

Nous croyons avoir démontré impartialement et avec preuves à l'appui que l'Allemagne a voulu la guerre. *L'Autriche-Hongrie fut sa complice mi-contrainte, mi-volontaire. Il semble que, parfois, notamment dans les semaines qui précédèrent immédiatement l'ultimatum du 23 juillet 1914 et dans les journées du 31 juillet et du 1er août, les volontés belliqueuses de la misérable alliée aient légèrement fléchi. La chose est sans importance, puisqu'il ne peut être question de circonstances atténuantes dans une aussi grave matière.*

On a cru à tort, dans les premières semaines d'août 1914, qu'il s'agissait d'une guerre d'officiers — Offizierskrieg *— et non pas d'une guerre nationale —* Volkskrieg. *La guerre a comblé les vœux de Guillaume II, de l'ineffable et libidineux Kronprinz, de la camarilla militaire, des hobereaux de l'Elbe, des pangermanistes ;* l'Allemage *entière l'a voulue. Pourquoi ? Les raisons en doivent être, à notre avis, cherchées plutôt dans le domaine de la politique intérieure*

---

(1) Les notes renvoient, à défaut d'autres indications, aux documents insérés dans le troisième volume.

*que dans les stupides écrits des Keim et consorts
et dans les mirages de politique extérieure.
Quand les victoires des troupes alliées nous auront valu une paix durable et définitive, les
signataires du* Manifeste à la Kulturwelt *scru-
teront les causes profondes de cette intoxication
d'un peuple de soixante-huit millions d'individus.*

*Les documents font apparaître la qualité dé-
plorable de la matière humaine —* Menschen-
material *— qu'emploie Guillaume II, monarque
de droit divin et instrument du Très-Haut.
Bismarck vivra dans la mémoire des hommes
parce qu'il fut un criminel de génie. Même dans
le vice, la maîtrise exige du talent. L'histoire
méprise les pitoyables hommes d'Etat qui mentirent beaucoup et mentirent mal.*

Ayant criminellement préparé et voulu la
guerre, l'Allemagne — *la Prusse-Allemagne,
suivant la terminologie des pangermanistes, —*
en voulut toutes les horreurs. *Aux troupes du
maréchal Waldersee partant pour la Chine où
elles allaient écraser les boxers et fraterniser
avec les vaincus de Sedan, Guillaume II donna
jadis ce conseil : « Ne donnez pas de quartier;
soyez aussi terribles que les Huns d'Attila. »
La phrase horrible a été redite en* 1914; *elle
figure dans les ordres du jour des Stengel, des
Bulow, des Heeringen, des Hindenburg; elle a*

été et sera exécutée de point en point. Les Huns sont dépassés ; de même les Vandales et les fauves de la jungle.

Toutes les règles du droit des gens ont été violées. Chiffons de papier : *l'expression fait partie du patrimoine traditionnel de la* kultur.

« *Nous ne pouvons être envahis* », dit feu M. Bernaert en 1899. — « *Notre éminent confrère croyait encore à la valeur des traités* », constata mélancoliquement M. Louis Renault à la séance désormais historique de l'Institut de France du 26 octobre 1914. *Et l'examen des principaux textes du droit international violés par les reîtres inhumains inspira à l'illustre jurisconsulte ces paroles désespérantes : « La déception est trop cruelle. Si nous nous étions attendus, et si nous devions nous attendre à des infractions individuelles, personne ne pouvait songer à une méconnaissance générale et systématique de toutes les règles solennellement adoptées. C'est là le fait grave, dont il y aura lieu peut-être de tirer ultérieurement des conséquences. »*

La déclaration du 4 septembre 1914 *garantit* que ces conséquences seront tirées. Le cauchemar prussien qui, depuis un demi-siècle, pèse sur l'Europe n'angoissera ni nos fils ni nos neveux.

Sécurité vout mieux qu'opulence, a dit Adam Smith. Sécurité vaut mieux que tout, répète la sagesse contemporaine. Pour la procurer, combattants et non-combattants feront tous les sacrifices. Et il semble bien que, dans certains pays neutres où les crimes de la première heure ne soulevèrent que des protestations vagues et inopérantes, on commence à réfléchir à la profonde vérité de l'adage romain : Tua res agitur, paries dum proximus ardet.

Que ces vérités pénètrent un peu plus avant dans les esprits : tel est notre vœu le plus cher.

Paris, le 29 mars 1914.

Gaspard WAMPACH.

LE DOSSIER

DE LA GUERRE

CHAPITRE PREMIER

LE CRIME DE SARAJEVO

SOMMAIRE. — La situation politique en France, en Angleterre, en Allemagne, en Russie, dans les États balkaniques. — Le meurtre de l'archiduc François-Ferdinand. — L'enquête politico-judiciaire : Les précédents fâcheux ; la condescendance de la Serbie. — L'origine du malentendu austro-serbe : L'administration de la Bosnie-Herzégovine et le traité de Berlin ; l'annexion de 1908 et l'humiliation de la Serbie ; les brouilles économiques. — Une période de calme inquiet.

Qu'il faisait bon vivre dans les premiers jours de l'été 1914! Le soleil était chaud et la température clémente ; les récoltes avaient bon aspect ; c'est à peine si, de ci, de là, les agriculteurs, éternels mécontents, réclamaient de la pluie. Les citadins qu'un destin heureux avait poussés vers les campagnes avant la fin de la *season* se reposaient dans les délices champêtres. Il y avait bien des jours d'orage, des matinées brumeuses, des soirées agitées, des nuits sombres. Le calme des après-midi n'en ressortait que mieux. L'ombre embellit le tableau.

La politique extérieure chômait. *Deus nobis hæc otia fecit*, disaient les diplomates et ils devisaient sur les villégiatures prochaines. Il est vrai que le ciel de la politique interne contrastait avec la limpidité du ciel diplomatique.

Nous dissertions en France sur les modalités d'une redoutable réforme fiscale : les uns en attendaient le salut, le retour vers une inégalité moins injuste, l'établissement de la proportionnalité rêvée par Adam Smith ; d'autres y voyaient le lent acheminement vers une période de basses tracasseries administratives et de confiscations. Nos finances étaient bouleversées ; voisines de la politique qui trop souvent avait empiété sur leur domaine, elles souffraient de ce contact trop intime et trop fréquent. Bien que la tâche du ministre des Finances parût plus difficile que celle du ministre de la Guerre, le souci national s'égarait sur le terrain militaire et naval où, comme dans tout domaine humain, peuvent pousser des touffes de zizanie. Sécurité vaut mieux qu'opulence, a dit jadis le père de la science économique. Et nous attendions un procès regrettable, peu fait pour hâter le rapprochement des citoyens. De même que l'homme n'est jamais entièrement heureux, les sociétés ignorent la paix sans nuages. Comme la justice parfaite, la paix parfaite n'est point de ce monde. Sans doute est-il utile qu'il en soit ainsi pour que ne se rouillent pas par le non-usage les plus hautes énergies.

Au delà du *Channel*, la querelle irlandaise battait son plein. Sir Edward Carson exerçait ses Orangistes; M. John Redmond stimulait le zèle de ses légions nationalistes. Tous les sujets du roi Georges V se demandaient avec effroi comment s'opérerait la nécessaire libération de la malheureuse Irlande et, suivant qne leurs préférences politiques les portaient à gauche ou à droite, ils répondaient : *Statu quo*, Home rule, Fédéralisme universel. Le jour approchait où le *Parliament Act* qui avait assombri le soir de la vie d'Édouard VII, le génial *peace-maker*, allait trouver ses premières applications : la loi du *Home rule* et le *Disestablishment bill* gallois devaient être rendus exécutoires. Le *Finance bill* de l'exercice 1914-1915, dernière œuvre de M. Lloyd-George, avait été accueilli avec froideur; son auteur dut l'amputer de quelques membres essentiels à cause de difficultés d'ordre constitutionnel signalées par les troupes libéralesradicales. Le souci politique, chez nos voisins, est une chose, l'observation des lois en est une autre; celle-ci prime celui-là. Certains indices annonçaient la fin imminente de la tenure du parti libéral. L'opposition conservatrice-unioniste s'apprêtait pour rentrer dans les demeures officielles de Downing Street.

L'Allemagne vivait en paix. Son développement intérieur et le souci de son expansion commerciale paraissaient accaparer toute la sollicitude de ses gouvernements. Les finances publiques étaient prospères. Les suites de la crise économique laissaient intact son robuste organisme industriel ; les diverses sources de richesse rendaient moins, mais elles n'étaient pas taries. Les rouages du marché financier grinçaient; le crédit se resserrait et les acheteurs se faisaient rares. N'en était-il pas de même en Russie, à Vienne, à Bruxelles, à Paris, à Londres, à New-York? *Geteilter Schmerz ist halber Schmerz*, dit un proverbe allemand. Ainsi le voulaient les malheurs du temps, les épouvantables charges fiscales singulièrement accrues par la loi militaire de juin 1913, et, quelque peu aussi, le petit nuage gris-noir qui planait au-dessus des côtes abruptes de l'Albanie. Les incidents de Saverne étaient terminés et n'avaient laissé que des ressentiments. Quelle importance pouvaient avoir les ressentiments des Alsaciens-Lorrains opprimés depuis plus de quarante ans? Leurs doléances avaient trouvé un écho dans tous les cœurs français. Un ministre prussien à poigne, Herr von Dallwitz, reçut la mission de rétablir par la sévérité l'ordre public alsacien qu'on croyait légèrement compromis par la bonhomie du comte de Wedel. Le colonel von Reuter et le lieutenant von Forstner, son digne acolyte, avaient changé de garnisons et de victimes. Fier à juste titre de l'immense puissance de l'empire, le *Berliner Tageblatt* ne s'émouvait plus des projets de réorganisation navale qu'on prêtait au ministre français de la marine. En termes mesurés, la *Norddeutsche Allgemeine Zeitung* calmait les chauvins : « En fait de chauvinisme nous n'avons pas plus à nous reprocher que les autres pays d'Europe. »

Fin juin, une flotte et un amiral anglais se rendirent à Kiel où le prince Henri de Prusse et la municipalité les fêtèrent congrûment. En leur souhaitant la bienvenue, Herr Lindemann, premier bourgmestre de la ville, exprima l'espoir que le peuple allemand et le peuple anglais pussent se contenter de rencontres pacifiques pour le bien de l'humanité et de la civilisation. L'amiral von Kœster célébra la bonne camaraderie anglo-allemande et évoqua la grande mémoire de Nelson. L'amiral anglais partageait ces conceptions pacifiques. « Il est des gens, dit-il, qui pensent que l'Allemagne et l'Angleterre doivent marcher « bras dessus, bras dessous »; d'autres estiment qu'elles doivent se traiter en ennemies.... Je pense qu'elles doivent continuer à rivaliser pacifiquement entre elles. » Auprès d'une table abondamment servie et qu'égayait l'amabilité de son impérial ami, lord Brassey oublia les petits désagréments que lui avait valu une visite involontaire et indiscrète aux docks de Kiel.

La grande Russie perfectionnait son armature économique, militaire et navale. Elle se préparait à recevoir dignement la visite annoncée du Président de la République française. Ses ministres responsables ne jouissaient cependant pas d'une quiétude absolue. Le monde du travail s'agitait et la clientèle des petits États balkaniques était soucieuse. Pleurant ses rêves évanouis, la Serbie redoutait l'inévitable règlement économique avec la monarchie austro-hongroise qui l'avait chassée de l'Adriatique. Nicolas de Monténégro regardait vers Scutari. Les rêves de la Bulgarie se portaient vers Andrinople où régnait le Turc, Bucarest où elle avait perdu des provinces, Berlin où ses mandataires négociaient avec la *Disconto-Gesellschaft* pour troquer des parcelles d'indépendance contre un modique emprunt de 500 millions. Le roi Charles de Roumanie penchait vers

Vienne et Berlin, pendant que son peuple flirtait avec l'alliée de Plewna et subissait l'attirance de la Triple Entente. Des parlotes interminables se poursuivaient entre les délégués de M. Venizelos et les diplomates ottomans. La Turquie était impénétrable ; à Constantinople, les manifestations autoritaires des officiers allemands alternaient avec les protestations d'indépendance des ministres du sultan. Les Serbes vivaient dans le souvenir de l'annexion bosniaque de 1908. L'Italie et l'Autriche surveillaient Vallona et Durazzo où s'effeuillait l'éphémère souveraineté d'un roitelet imbécile.

Partout en Europe la paix régnait. Paix douloureuse, car les peuples gémissaient sous le poids d'une armure écrasante que les événements du passé et les convoitises du lendemain semblaient rendre nécessaire ; paix incertaine aussi puisqu'il est dangereux de mettre en présence des sociétés armées jusqu'aux dents et que subsistaient toutes les difficultés d'où pouvait jaillir l'étincelle fatale.

A l'envi, les puissances vantaient leurs intentions pacifiques. C'était sans doute nécessaire, car diplomates et chefs d'Etat sont peu enclins aux inutiles superfluités. C'était dangereux aussi : les esprits turbulents sont portés à tirer profit de l'inappétence d'autrui et à identifier tendances pacifiques et impuissance.

Une secousse sanglante débraya soudain le

délicat mécanisme international. Le 23 juin 1914, François-Ferdinand, archiduc d'Autriche, neveu et héritier présomptif de l'empereur-roi François-Joseph, commandant en chef des armées austro-hongroises, quitta Vienne pour aller diriger les manœuvres de deux corps d'armée en Bosnie. En compagnie de la duchesse de Hohenberg, sa femme, il fit le 28 juin son entrée solennelle dans la vieille capitale bosniaque. A la sortie de la gare, une bombe fut lancée sur le carrosse princier; deux aides de camp qui occupaient une autre voiture et une douzaine de spectateurs furent plus ou moins grièvement atteints. Nedeljko Cabrinovitch, l'obscur typographe serbe qui avait commis l'attentat, fut cueilli dans les eaux de la rivière Mitjack dans laquelle il s'était jeté pour échapper aux poursuites. Le cortège parvint à l'Hôtel de Ville où l'impérial « rescapé » montra quelque raideur. « J'arrive à Sarajevo, dit-il au bourg-mestre, pour faire une visite et on me lance une bombe. C'est indigne. » Et il pria l'honorable magistrat municipal de débiter sa harangue. Celui-ci s'exécuta. François-Ferdinand remercia ensuite la population « des ovations enthousiastes, expression de la joie qu'avait causée l'échec de l'attentat », prit acte « du développement heureux du magnifique pays auquel il a toujours pris le plus vif intérêt » et assura la Bosnie-

Herzégovine « de son attachement inébranlable ».
La réception à l'Hôtel de Ville fut suivie d'une
randonnée en automobile à travers les rues de la
cité. Sur la grande place, un malfaiteur s'élança
vers la voiture, un revolver à la main. L'archiduc
fut tué d'une balle à la gorge ; la duchesse de
Hohenberg fut grièvement touchée au bas ventre ;
leur agonie dura à peine quelques instants.
Gavrilo Prinzip avait magistralement accompli
son œuvre sanglante. Une deuxième bombe fut
trouvée sur la place de l'attentat.

L'Europe entière déplora le sort des deux
princes. L'archiduc n'avait joui d'aucune popu-
larité ; son sort tragique le rendit presque sympathique. On oublia sa raideur, fruit peut-être
d'une timidité native dont l'énergique duchesse
n'avait qu'imparfaitement triomphé, son caractère
autoritaire qui avait indisposé l'aristocratie viennoise et effarouché ses proches, son hostilité
ouverte envers tout ce qui de loin ou de près
touche à la nationalité et à l'Etat serbes, son antipathie à peine voilée pour l'Italie triplicienne qui
occupe Rome et paralyse au sud et au sud-est le
libre épanouissement des ambitions autrichiennes,
son antislavisme fougueux qui déplut à Saint-
Pétersbourg et dans les petits pays balkaniques.
Le deuil fut cruel pour les Allemands de race,
les Tchèques qui avaient cru en un avenir « tria-

liste », les catholiques qui perdaient un apôtre et la puissante camarilla militaire. Hongrois et orthodoxes, protestants et juifs célèrent leurs espérances renaissantes. Empereur, François-Ferdinand eût sans doute oublié les haines et les amitiés de l'archiduc. Sincèrement on plaignit le vieil empereur qu'une longue vie de quatre-vingt-quatre ans et un long règne de soixante-six ans n'ont pu cuirasser contre toutes les douleurs. Maximilien, son frère, fusillé dans les fossés de Queretaro ; l'impératrice Charlotte, sa belle-sœur, qui traîne son incurable folie dans les parcs ombreux de Laeken ; l'archiduc Rodolphe, son fils, qui fut malheureux en ménage avant de périr dans un mystérieux drame d'amour ; la duchesse d'Alençon, sa belle-sœur, brûlée vive au bazar de la Charité en 1897 ; l'impératrice Elisabeth, sa femme, que Lucheni assassina devant l'hôtel Beaurivage à Genève..... ; la liste funèbre s'allongeait. Quand il apprit la catastrophe, le vieillard pleura et balbutia ces mots lamentables : « C'est affreux, affreux. Rien sur terre ne m'aura été épargné. » Son émoi fut partagé ; car la compassion ne connaît pas de frontières.

La politique surveille les frontières, mais n'est pas limitée par elles. Déjà elle avait commencé son œuvre, quand les cadavres des deux princes entreprirent le long pélerinage qui devait les conduire de Sarajevo à Mescowitch, de Mescowitch à bord du *Viribus Unitis* jusqu'à Trieste, de Trieste à la Hofburg de Vienne, de Vienne au mausolée d'Amsteten, face aux Alpes sombres et au clair Danube. L'attentat n'entraînait ni crise successorale, ni modification politique. Associé au pouvoir, François-Ferdinand n'avait gouverné qu'en sous-ordre ; l'empereur reprit la plénitude de ses attributions. L'ordre de succession appelait au trône l'archiduc Charles-François-Joseph, un adolescent de vingt-sept ans.

Le drame devait avoir de graves conséquences dans le domaine autrement périlleux de la politique étrangère. Cabrinovitch, Prinzip et leurs complices appartenaient à la nationalité serbe. Commis par d'autres mains, leur forfait eût été rangé parmi les innombrables régicides qui ont créé le « risque professionnel » des hautes cimes et les « revenants-bons du métier de roi ». La préméditation était certaine, le complot indéniable. D'autres qu'un typographe exalté et un étudiant mineur y avaient trempé. On pouvait présumer — et les aveux des criminels prouvèrent — que le meurtre fut la vengeance différée de l'annexion de 1908 et la conséquence de l'animosité provoquée dans toutes les âmes serbes par les vexations de l'impérialisme autrichien. Les criminels relevaient du juge d'instruction, de la

Cour d'assises et du bourreau. Fin octobre 1914, un arrêt de la Cour de Sarajevo condamna cinq d'entre eux à la peine de mort par strangulation, un autre aux travaux forcés à perpétuité, Prinzip et Nedeljko Cabrinovitch à vingt ans d'emprisonnement et d'autres à des peines allant de trois à seize ans de prison ; il y eut même des acquittements, preuve que le parquet autrichien n'avait pas péché par faiblesse.

La bureaucratie austro-hongroise flaira des dessous politiques ; c'était son droit et elle était dans ses traditions. Son devoir lui commandait de faire une enquête serrée, d'en faire connaître impartialement tous les résultats, de frapper sans pitié quiconque avait frappé sans pitié, sans tenir compte du rang, de la situation sociale, de la nationalité des coupables. Les criminels se vantaient de leur forfait ; les innocents tremblèrent. Du juge dont dépendait leur sort, ils connaissaient la sévérité ; ils doutaient, et non sans raison, de sa droiture. L'histoire leur avait appris que les bureaucrates viennois avaient toujours réussi à asseoir leurs suppositions sur des démonstrations péremptoires vraies ou prétendues. Au fameux procès d'Agram, en 1907-1908, une quarantaine de malheureux Serbo-Croates risquèrent leurs têtes ; la supercherie de l'accusation fut dévoilée et échoua. Aux débats du procès

Friedjung, quand les rôles étaient renversés, les accusés d'Agram établirent que l'acte d'accusation et les preuves à l'appui avaient été fabriqués à la légation d'Autriche-Hongrie de Belgrade. Le comte Forgach, chef de cette légation, dut se démettre ; la Serbie le retrouva en 1914 au Ballplatz, où les précédents avatars lui avaient valu les hautes fonctions de sous-secrétaire d'Etat aux Affaires étrangères. Vers les débuts de la première guerre balkanique, l'Europe frémit d'horreur quand les feuilles autrichiennes lui apprirent les sévices exercés par la soldatesque serbe contre Prochaska, consul austro-hongrois à Prizrend. On craignit un instant que l'indignation publique n'entraînât une guerre austro-serbe. Il n'y eut ni guerre, ni sanction. L'affaire Prochaska avait été imaginée de toutes pièces par l'un des innombrables agents que le Ballplatz soudoyait en Albanie. La *Zeit*, une feuille viennoise qui a des notions d'histoire, mit, dès les premiers jours de juillet, ses compatriotes en garde contre une peu glorieuse répétition de l'affaire Prochaska.

L'avertissement retentit dans le désert. Bientôt l'opinion publique habilement circonvenue et la presse chauvine entrèrent en lice, troublant par leur exubérance la douteuse impartialité des bureaucrates. Puisque l'intérêt politique exigeait qu'on trouvât de hautes complicités, on en trouva ;

on en trouva même avant toute enquête. Au lendemain même du crime, la *Deutsche Tageszeitung* écrivit ces lignes redoutables : « En ce qui concerne l'empire allemand, *il est possible que la situation crée soit actuellement, soit plus tard, des conséquences qui obligent l'empire à prendre des décisions de la plus haute importance.* Lorsque le moment viendra, puissent les dirigeants de la politique allemande être prêts et décidés ! » Ces prévisions tolèrent et sollicitent des interprétations cruelles. Songeait-on véritablement, dès le 28 juin 1914, à faire du sang mêlé des victimes de Sarajevo le ciment de la monarchie austro-hongroise et de la plus grande Allemagne ? Nous n'osons l'affirmer. En présence des manifestations singulières de l'opinion publique et de la presse en Autriche-Hongrie et en Allemagne, il paraît difficile de le nier. La politique des deux puissances allemandes planait dans une sphère où les considérations d'humanité et d'élémentaire justice ne pénétraient plus.

Pendant qu'à Sarajevo on « cuisinait » les assassins, le Ballplatz s'attaquait au gouvernement et au peuple serbes. Justement le jeune prince héritier remplaçait au gouvernail le roi Pierre malade. Le crime devint une affaire internationale et une arme contre la Serbie. La politique fit taire la justice ; le cliquetis des armes emplit le prétoire.

Si nous en croyons les grands journaux allemands, on songea moins à établir la préméditation et la complicité du gouvernement serbe qu'à orienter la préméditation austro-hongroise contre la Serbie. « Il n'est pas douteux, écrivirent les *Berliner Neueste Nachrichten*, que *l'intention du gouvernement autrichien est de prendre sur le fait le gouvernement serbe* qui ne cesse de prodiguer les déclarations d'innocence. Si celui-ci se refusait à donner satisfaction, cela prouverait qu'il aurait ses raisons pour se dérober à l'enquête, et alors surgirait le danger d'un choc entre l'Autriche et la Serbie. Dans ces conditions, et en considérant les armements fébriles de la Russie et les flatteries à l'adresse de la Roumanie, on peut prévoir une période d'agitation panslaviste dans les Balkans contre l'Autriche. La situation européenne s'en aggrave et *l'acte sanglant commis par Cabrinovitch et Prinzip peut conduire à une catastrophe.* » Le *Berliner Lokal-Anzeiger*, feuille souvent officieuse, partageait cette opinion : « Non seulement en Autriche-Hongrie, mais en Allemagne et dans toute l'Europe, qu'il s'agisse d'États monarchiques, républicains, de nations germaniques, slaves ou latines, on a intérêt à savoir si on peut tolérer qu'une nation non seulement trame des attentats contre ses propres souverains, mais fasse frapper par des mains criminelles des personnalités princières dans les Etats voisins (1). »

La *Post* pangermaniste fut plus expéditive : « Il faut avoir le courage de ne pas accuser seulement la Serbie, mais le panslavisme et le parti de la guerre à Saint-Pétersbourg, qui a sa bonne part de responsabilité dans ce meurtre politique épouvantable. La Russie est aujourd'hui le trouble-paix de l'Europe et elle est d'autant plus dangereuse que sa volonté est complètement dominée par les passions nationales et des agissements personnels et qu'il n'y a plus de place pour les considérations raisonnables (2) ».

Le débat était dans le prétoire où l'étouffa le bruit des armes. Le voilà dans les chancelleries; du Ballplatz il s'étend à Belgrade, à Saint-Pétersbourg, à Berlin. Quand furent émises ces appréciations, annonciatrices de la future guerre européenne, le comte Berchtold et ses sous-ordres procédaient ou étaient censés procéder à une enquête d'ordre judiciaire. Personne, pas même les illustres collaborateurs des feuilles allemandes, n'en connaissait les résultats.

Le gouvernement serbe ne se déroba pas. Dès avant l'attentat, il avait fait son devoir. Pendant que l'archiduc suivait les manœuvres en Bosnie,

---

(1) Le *Temps*, 11 juillet 1914, page 2.
(2) 5 juillet 1914.

il avait informé le comte Berchtold que des assassins avaient projeté le crime. Les autorités de Sarajevo avaient constaté l'inquiétant réveil et les manifestations répétées du nationalisme serbo-slave. Le cabinet de Vienne n'avait témoigné d'aucun émoi; nonchalamment il avait répondu que l'assassin signalé par Belgrade était un être sans malice qui ne méritait pas l'honneur d'une surveillance policière. Si l'avertissement du cabinet de Belgrade avait été entendu, François-Ferdinand aurait eu la vie sauve. La police de la capitale bosniaque exposa ses visiteurs aux balles des assassins. Dès qu'ils furent informés de la tragédie, Pierre Ier, le prince héritier Alexandre et M. Pachitch télégraphièrent à Vienne leurs condoléances et se déclarèrent prêts à procéder à toutes les enquêtes. L'offre était loyale, courtoise, nécessaire. Connaissant l'âpreté des sentiments pan-serbes à l'égard de l'Autriche-Hongrie, ils ne pouvaient écarter l'hypothèse d'un crime comploté sur leur territoire, par leurs propres ressortissants, peut-être même avec la complicité de quelques fonctionnaires subalternes. Dans une interview qu'il accorda dans les premiers jours de juillet au correspondant de la *Neue Freie Presse*, M. Vesnitch, ministre du roi Pierre à Paris, avait fait cette déclaration catégorique : « Le gouvernement serbe fera tout pour punir les

criminels, au cas où les fils de l'enquête condui-
raient en Serbie, mais il lui serait impossible
d'admettre que l'enquête y fût poursuivie par
des policiers autrichiens, ce qui serait d'ailleurs
contraire à toutes les règles du droit international. »

L'agneau fut appelé loup. Les Serbes furent
traités d'assassins; on ne respecta ni leurs personnes, ni leurs biens. Le sang coula en Bosnie,
en Herzégovine, en Croatie où furent stimulées
les querelles séculaires entre les Serbes catholiques ou Croates et les Serbes orthodoxes. Le
palais parlementaire d'Agram vit des scènes d'horreur. La légation serbe à Vienne dut être pro-
tégée contre la plèbe menaçante. Le gouvernement britannique entrevit aussitôt tout le danger :
« La menace contre la paix de l'Europe apparut
dans les rapports qui arrivèrent à Londres.....
Divers incidents laissaient croire que le ressentiment populaire était partagé, peut-être même
encouragé, par le gouvernement autrichien. Ni
le gouvernement britannique, ni le gouvernement allemand n'ignoraient que la paix pouvait
être compromise (1). »

Petite pluie abat grand vent, dit un vieux proverbe. Si parfois des causes petites en apparence,

____

(1) *Great Britain and the European Crisis*, Londres 1914
page III.

produisent de grands effets, il n'en fut pas ainsi lors des événements de juin et de juillet 1914. L'assassinat de François Ferdinand et de la duchesse de Hohenberg fut le prétexte de la querelle austro-serbe qui fut elle-même le prétexte de la guerre européenne.

L'Autriche boudait la Serbie parce que quelques mécréants de nationalité serbe, sujets austrohongrois, avaient avec une arme belge assassiné un prince de la maison impériale et son épouse morganatique. Deux cadavres humains constituèrent de honteuses amorces. La Serbie était coupable parce que sa seule présence barre l'indispensable *Drang nach Osten* du germanisme trop fécond et qu'elle avait résisté à toute tentative d'absorption.

L'hostilité de l'opinion panserbe découle de sources analogues. Comme sa voisine, la Serbie a des ambitions et elle a des ressentiments. Ses ambitions! Dans sa chaumière misérable, sur le dur grabat, le dernier des paysans rêve d'une grande Serbie qui se suffit à elle-même et englobe tous les hommes du même sang et de la même race, et ce rêve se heurte à la monarchie des Habsbourg, comme il se heurtait jadis à la puissante Turquie. Les ressentiments sont innombrables, enracinés dans tous les cœurs, exclusifs de tout pardon : Le traité de Berlin de 1878, l'annexion de 1908 avec son cortège de basses vexations, la germanisation brutale des peuples subjugués par la force, l'opposition farouche aux ambitions adriatiques, les chicanes commerciales et économiques qui suivirent l'avènement des Karageorgewitch.... et bien d'autres encore.

Parce qu'ainsi l'exigeait le souci de l'hégémonie germanique, la Russie dut en 1878 troquer ses acquisitions de San-Stefano contre un morceau de Bessarabie et quelques lambeaux de terres asiatiques ; l'Autriche-Hongrie fut « jetée sur le Danube pour repousser les Slaves vers les steppes de l'Asie (1) ». Bien que la monarchie dualiste n'eût pas pris part à la guerre contre la Turquie, sa neutralité renfrognée lui valut l'administration de la Bosnie-Herzégovine et certaines prérogatives militaires dans le sandjack de Novibazar. Voici en quels termes élégants elle avait voilé ses convoitises : « Intéressée en première ligne comme puissance limitrophe, l'Autriche-Hongrie a l'obligation de déclarer franchement et ouvertement que ses intérêts les plus vitaux ne lui permettent d'accepter qu'une solution de la question bosno-herzégovinienne qui serait apte à amener la pacification durable desdites provinces et à empêcher le retour d'événements qui ont fait

---

(1) Gabriel Hanotaux, Le Congrès de Berlin, dans la *Revue des Deux-Mondes*, tome XLVII, pages 240-280 et 481-514.

courir de si graves dangers à la paix de l'Europe, et créé à l'Autriche-Hongrie, tout en lui imposant de grands sacrifices et de grandes pertes matérielles, une situation intenable dont elle ne saurait accepter la prolongation. » (1) « Intérêts les plus vitaux ! » Nous entendrons répéter ces expressions euphémiques. Le caractère vital de ces intérêts est strictement proportionné aux forces disponibles pour les faire valoir ; les Etats faibles n'ont pas d'intérêts vitaux. L'intérêt autrichien se doublait en 1878 d'un devoir général ; Bismarck, président du Congrès, eut l'obligeance d'en informer ses collègues. Lorsque le plénipotentiaire italien risqua quelques timides observations, il s'attira cette semonce : » Monsieur le plénipotentiaire d'Italie, l'Autriche, en occupant la Bosnie et l'Herzégovine, se place au point de vue européen. Je n'ai rien à ajouter. » Les plénipotentiaires ottomans furent plus heureux, puisqu'ils obtinrent l'insertion de cette clause secrète : « Sur le désir exprimé par les plénipotentiaires ottomans au nom de leur gouvernement, les plénipotentiaires austro-hongrois déclarent au nom de Sa Majesté Impériale, Royale et Apostolique, que les droits de souveraineté de Sa Majesté Impériale, le Sultan, sur les provinces de Bosnie

---

(1) Hanotaux, Op. cit., page 191.

et d'Herzégovine ne subiront aucune atteinte par le fait de l'occupation dont il est question dans l'article relatif aux dites provinces du traité à signer aujourd'hui; que l'occupation sera considérée comme provisoire et qu'une entente préalable sur les détails de l'occupation se fera immédiatement après la clôture du Congrès entre les deux gouvernements. »

L'occupation était provisoire; sa longévité était donc certaine et sa durée indéfinie. En clôturant le Congrès, le prince de Bismarck avait exprimé « l'espoir que l'entente de l'Europe, avec l'aide de Dieu, resterait durable ». Quelques années plus tard, il conjecturait que les stipulations de juillet 1878 pourraient rester en vigueur pendant environ vingt ans, durée normale et moyenne des paix balkaniques. L'échéance — 1898 ou 1899 — fut retardée d'une décade.

Friande de terres, l'Autriche-Hongrie est jalouse de son honneur. Le Ballplatz y aurait manqué si, frivolement et dans un vil désir de lucre, il avait déchiré l'acte de Berlin. Les « intérêts les plus vitaux » l'avaient contraint à s'emparer contre tout droit de deux territoires serbo-turcs et à les administrer dans un « intérêt européen ». Il fallut des intérêts plus vitaux encore et des devoirs plus impérieux pour qu'il consentît à joindre la nue propriété à l'usufruit et à transformer l'occupation provisoire en souveraineté définitive. Bien d'autrui ne prendras, dit le Décalogue. M. d'Æhrenthal attendait l'occasion propice. Soudain un doux souffle de liberté agita les Balkans ; la Turquie entra dans la voie du bonheur par la porte large qu'avait ouverte la révolution des Jeunes Turcs. Les sujets du sultan eurent leur constitution ; il était juste que les Bosniens et les Herzégoviniens eussent le même bonheur. Malheureusement, la constitution bosniaque ne pouvait être octroyée ni par la Sublime Porte à qui manquait l'usufruit, ni par l'Autriche-Hongrie à qui manquait la nue propriété.

Un scrupule respectable angoissa les consciences autrichiennes. Enfin, M. d'Æhrenthal trouva la solution élégante : pour être en mesure de combler les vœux des populations, il s'empara de la souveraineté bosno-herzégovinienne. Lors du dépeçage de la Pologne, à la fin du xviiie siècle, les pieux souverains russe, prussien et autrichien avaient passé par les mêmes transes ; Marie-Thérèse pleurait, mais prenait toujours. La diplomatie est une vieille science qu'il paraît difficile de perfectionner encore. Celle de M. d'Æhrenthal fut à la fois timide et audacieuse. Il rompit avec le principe que la chrétienté ne rend pas à l'islam les territoires qu'elle lui a pris et, galamment, il évacua le sandjack de Novibazar qui revint en pleine souveraineté à la Turquie. La restitution avait un intérêt matériel et moral considérable : elle rouvrit le chemin de Salonique. Mais l'éminent ministre exagéra quand, nanti des dépouilles de la Porte, il réclama encore son amitié et exigea qu'elle reconnût la licéité de l'opération ; gracieusement il lui promit son appui « dans une mesure d'autant plus large qu'elle aura observé une attitude plus amicale envers l'Autriche ». La Turquie se soumit ; elle protesta timidement auprès de l'Autriche-Hongrie contre le fait accompli qu'elle s'abstint de signaler aux autres puissances signataires de l'acte de Berlin.

Ni la Serbie royale, ni le nationalisme serbe ne partagèrent ces sentiments d'extrême tolérance. L'annexion détruisait leurs rêves adriatiques et leurs rêves raciaux. La Bosnie-Herzégovine comptait, en 1907, 1,832,660 habitants : 782,831 orthodoxes ou Serbes sans épithète, 602,200 musulmans ou Bosniaques, 400,481 catholiques ou Croates, 6,750 immigrés allemands et 11,000 juifs. Les quelques poignées de Teutons accaparaient les hautes fonctions et dominaient dans le commerce et dans l'industrie. Les Serbes ou orthodoxes sont acquis à l'unification sous le sceptre des Karageorgevitch ; les Serbo-Croates croyaient en la réalisation de l'idéal « trialiste » qu'on attribuait à François-Ferdinand et à son épouse. Lubor Niederle dénombre ainsi les 8,600,000 ressortissants de la turbulente famille serbe : 2,300,000 dans le royaume de Serbie, 2,101,000 en Croatie et en Slavonie, 711,000 en Dalmatie et en Istrie, 700,000 en Hongrie, 1,650,000 en Bosnie-Herzégovine, 350,000 au Monténégro, 300,000 en Vieille-Serbie et en Macédoine et 400,000 environ dans divers pays.

L'annexion de 1908 agita cette immense famille. Le baron d'Æhrenthal avait choisi un bien mauvais moment pour s'emparer d'un titre de droit qui ne lui valut aucun surcroît de puissance, mais un énorme surcroît d'ennuis. Comme la Russie sympathisait avec ses frères slaves, la paix européenne se trouva compromise. Mais l'immense corps russe saignait des mille blessures reçues en Mandchourie et quatre millions de baïonnettes allemandes appuyaient la politique austro-hongroise. Que pouvaient faire les 2,900,000 sujets du roi Pierre contre les 51 millions d'Austro-Hongrois? Les puissances conseillèrent la modération et le recueillement. Que faire, sinon s'incliner devant la force qui, d'après les théoriciens allemands, est et crée le droit? Le moment n'était pas venu de régler les vieux comptes arriérés. La Serbie royale se soumit et, dans ce document d'humiliante faiblesse, se courba devant l'Autriche-Hongrie : « La Serbie reconnaît qu'elle n'a pas été atteinte dans ses droits par le fait accompli créé en Bosnie-Herzégovine et qu'elle se conformera par conséquent à telle décision que les puissances prendront par rapport à l'article 25 du traité de Berlin. Se rendant aux conseils des grandes puissances, la Serbie s'engage dès à présent à abandonner l'attitude de protestation et d'opposition qu'elle a observée à l'égard de l'annexion depuis l'automne dernier, et elle s'engage, en outre, à changer le cours de sa politique actuelle envers l'Autriche-Hongrie pour vivre désormais avec cette dernière sur le pied d'un bon voisinage (1). » Faute de mieux, le comte d'Æhrenthal se contenta de cette reconnaissance et de ces engagements contractuels dans leur forme. Ils comportaient une humiliation profonde et des ressentiments qui ne pardonnent point ; ils n'engendraient aucune obligation stricte. *Nil tam consensui contrarium est quam vis atque metus*, dit une maxime de droit.

Le chef du Ballplatz s'aventura ensuite sur le terrain commercial où ses prédécesseurs avaient en vain arrosé les lauriers. Diplomatie et commerce ont des domaines contigus qui souvent se

---

(1) Déclaration du 31 mars 1909. — *Correspondence respecting the European Crisis*, Cd 7467, nº 4, Ultimatum adressé le 24 juillet 1914 par l'Autriche-Hongrie à la Serbie.

pénètrent. L'Etat faible risque son indépendance quand il s'engage dans des liens économiques trop intimes avec un Etat puissant. C'est ce qu'avaient ignoré les deux piètres souverains qui avaient occupé le trône serbe avant Pierre 1er. Un traité de commerce avait, en 1881, documenté d'une manière peu honorable la dépendance serbe. Dès 1905, le gouvernement de Belgrade prépara les voies à une union douanière des peuples balkaniques. Union sur union ne vaut, lui répondit l'Autriche-Hongrie quand elle apprit la conclusion du traité bulgaro-serbe. Et elle imposa le 1er mars 1906 un *provisorium* boîteux qui dura peu. Une lutte douanière — la guerre des porcs — s'en suivit ; le traité de mars 1908 l'interrompit pour quelques mois ; elle se termina seulement le 21 janvier 1911. La petite Serbie avait ainsi résisté à toutes les tentatives d'absorption ; mais elle n'avait pas « changé le cours de sa politique... envers l'Autriche-Hongrie pour vivre avec cette dernière sur le pied d'un bon voisinage ». *Salus publica, suprema lex.* Quand, de temps à autre, ses gouvernants témoignèrent d'intentions plus conciliantes, l'Autriche-Hongrie aussitôt les rejetait dans l'opposition impuissante par les tracasseries insupportables qu'elle exerça contre ses sujets serbes annexés. Elle imposa la langue allemande dans l'administration militaire et civile, dans la justice et les chemins de fer, dans les postes et les télégraphes. Deux journaux allemands, soudoyés par l'administration, ridiculisaient les Serbes et leurs aspirations raciales. Les écoles enseignaient l'histoire allemande. Indignement le *chvaba* teuton exploitait le slavisme sous l'égide d'une administration complice.

La liberté serbe ne pouvait coexister ni avec le dualisme historique, ni avec le trialisme de François-Ferdinand. Les hôtes du palais du Belvédère attaquaient le comte d'Æhrenthal dont la politique leur paraisssait trop timide, trop prudente, insuffisamment agressive. Les guerres des Balkans, avec le ridicule incident Prochaska et ses mesquines complications diplomatiques, n'étaient pas faites pour ramener la paix dans ce ménage mál assorti.

Quoi d'étonnant que les doléances du roi Pierre lors de la tragédie de Sarajevo aient été mêlées peut-être de quelques secrètes espérances et que le gouvernement austro-hongrois n'ait eu qu'une foi médiocre dans leur sincérité! Le Serbe moyen n'a ni la caressante fidélité du chien, ni la souple échine du parfait valet; hors Dieu, le tsar et son roi, il ne connait point de maître. Poursuivant, ou feignant de poursuivre une enquête criminelle, le Ballplatz n'en communiqua aucun résultat à l'accusé principal. Il observa un mutisme absolu qui endormit les puissances européennes. Quand parfois il se dérida pour instruire les humains, il prononça des paroles réconfortantes.

Dès le 4 juillet 1914, l'empereur François-Joseph avait attribué l'attentat à une bande d'égarés plus dignes de pitié que de haine. Le 7 juillet eut lieu un conseil des ministres communs auquel assistèrent le comte Stürghk, président du conseil des ministres d'Autriche, et le comte Tisza, chef du gouvernement hongrois. Comme cette réunion insolite risquait de donner lieu à des commentaires excessifs, le gouvernement impérial fit savoir que les délibérations avaient porté presque uniquement sur les mesures de police intérieure dont le meurtre de Sarajevo avait démontré l'urgence : répression, en Bosnie et dans toutes les provinces slaves, de la propagande panserbe ; surveillance plus stricte de la frontière ; réorganisation de la police ; restriction du droit d'association ; application plus rigoureuse de la censure ; modification des programmes d'enseignement. « Ces mesures, écrivit aussitôt la *Neue Freie Presse*, n'auront qu'une valeur problématique, tant que subsistera dans le voisinage de la monarchie un foyer d'agitation. » Le lendemain, le comte Tisza vanta, en plein parlement, le loyalisme des Serbes de l'empire.

Quand, le 13 juillet, il reçut à Budapest le correspondant du *Temps*, il protesta énergiquement contre une accusation lancée par un adversaire politique : « Nous, des semeurs de discorde ! Nous qui sommes la puissance qui n'a et ne peut avoir aucune idée d'agression, et dont le seul intérêt est de garantir sa propre sécurité en assurant l'indépendance et le libre développement des peuples balkaniques (1) ! » Trois jours plus tard, il évoqua au Parlement hongrois le spectre de la guerre, *ultima ratio*, « que doivent vouloir et pouvoir faire les Etats et les nations » soucieux de leurs intérêts essentiels. La veille même de la remise de l'ultimatum fatal, il n'était, à son avis, « ni certain, ni même probable que les événements prissent une tournure redoutable ».

Le *Times* (2) calmait l'enthousiasme serbe ; la *Frankfurter Zeitung* calmait l'ardeur austro-hongroise et montrait la folie des aventures balkaniques (3). Le langage prudent de quelques feuilles viennoises détonnait parmi les excités de la capitale danubienne. La *Zeit* publia ces lignes pleines de patriotisme assagi et de bon sens : « Il n'y avait contre la Serbie que deux griefs : l'importation de bombes et l'enthou-

---

(1) *Le Temps*, 14 juillet 1914.
(2) Numéro du 16 juillet 1914.
(3) 21 juillet 1914.

siasme panserbe. En ce qui concerne la bombe, venue, en effet, de Belgrade, ce n'est pas elle qui a tué l'archiduc, mais la balle d'un browning, arme autrichienne importée de Belgique. Quant à l'idée panserbe, on ne la supprimerait pas en supprimant toutes les associations qui la propagent. Une démarche diplomatique ne peut supprimer le panserbisme, non plus que le pangermanisme et le panslavisme. D'ailleurs, l'idée panserbe n'est criminelle qu'en Autriche où elle prépare une diminution de l'Etat ; elle ne l'est pas en Serbie où elle prépare son agrandissement. Le seul crime est la propagande par le fait, l'anarchisme, qu'il vise un but national ou un but social, et le devoir de la Serbie est de le combattre de toutes ses forces. Mais l'exemple de l'Italie montre le succès incertain de la répression. Protégeons-nous donc nous-mêmes, non pas avec une inutile démarche diplomatique, mais avec une bonne politique des nationalités et avec une police active et vigilante. »

Amis et adversaires de la monarchie dualiste avaient confiance dans la prudence du comte Berchtold et dans la tolérante sagesse de son impérial maître. Non sans quelque inquiétude secrète, ils disséquaient les nouvelles rares et contradictoires qui filtraient du Ballplatz et surveillaient les manifestations généralement exagérées, parfois troublantes, de la presse austro-hongroise et allemande. Ils croyaient fermement que l'Autriche-Hongrie ne procéderait à aucune mesure extrême sans avoir fait connaître auparavant les résultats complets d'une enquête impartiale. Leur opinion était partagée par l'éminent homme d'Etat anglais qui dirige le Foreign Office (1).

Le calme revint, un calme un peu inquiet que troublait l'écho d'un lointain orage. Souverains, ministres et diplomates prirent leurs vacances. De simples chargés d'affaires représentaient les intérêts de la Russie en France, en Allemagne, en Autriche-Hongrie, en Serbie ; M. Paul Cambon faisait la navette entre Paris et Londres. Le 6 juillet, l'empereur Guillaume entreprit sa croisière annuelle dans les eaux scandinaves. Son impérial ami était à Ischl où de temps à autre allait le rejoindre le chef du Ballplatz. Le roi Albert de Belgique villégiaturait en Suisse et échangeait de pacifiques congratulations avec le Président du Conseil fédéral. Turkhan Pacha faisait une tournée pour intéresser les gouvernements d'Europe au sort de son piètre souverain. Le ministre de la marine turque inspectait nos cuirassés et nos arsenaux. L'air frais des champs

---

(1) Livre bleu, Numéro 1, Dépêche de sir E. Grey à sir H. Rumbold du 20 juillet 1914, page 107.

adoucit l'émoi qu'avaient provoqué en France les cruelles déclarations du sénateur Humbert et la patriotique intervention de M. Clemenceau. L'emprunt fut un succès ; le budget fut voté ; l'impôt sur le revenu fut inscrit non sans peine dans notre code des lois. Le 16 juillet, le Président Poincaré et M. Viviani s'embarquèrent à Dunkerque pour aller porter au souverain et au peuple russes le salut sympathique du peuple français. Et les populations se livraient à ces redoutables délassements de la paix que sont les troubles ouvriers, les querelles intestines et les âpres disputes politiques.

Sur les bords du Danube, le sphinx allait livrer son secret ; le réveil allait sonner.

———————

CHAPITRE II

L'ULTIMATUM DU 23 JUILLET 1914

SOMMAIRE. — Belgrade avant la remise de l'ultimatum. — L'ultimatum du 23 juillet 1914 : Son texte ; son accueil par les diplomates ; la presse allemande. — Les responsabilités pénales de la Serbie : D'après l'ultimatum et son annexe ; d'après le livre blanc allemand ; leur portée. — Les responsabilités d'ordre politique et le mouvement panserbe. — Les demandes austro-hongroises : Les demandes justes ; les demandes contraires aux lois serbes ; les demandes inadmissibles. — Le renvoi à l'arbitrage et au tribunal de La Haye. — L'accueil de la réponse serbe par les diplomates.

Belgrade, la Ville blanche, l'avant-poste de l'Islam avant de devenir le boulevard du serbo-slavisme contre le germanisme agressif, se mirait avec délices dans les claires eaux du Danube. Des bandes de jeunes soldats égayaient ses avenues modernes et, de ce pas agile et rapide que donne la pratique de tous les sports, arpentaient les basses ruelles, témoins attardés de la domination ottomane et d'une civilisation encore à ses débuts. La situation extérieure paraissait bonne :

le roi Pierre était loin, le généralissime **Putnik** résidait en Autriche, le premier ministre faisait une tournée électorale. Le va-et-vient des troupes austro-hongroises dans Semlin, la ville d'en face, rappelait qu'elle n'était pas sans nuages.

Les rares hommes politiques que le soleil ardent et le souci électoral n'avaient pas chassés vers les campagnes dissertaient sur les événements de la dernière semaine. Oublié « le beau conte d'amour et de mort... de Tristan et d'Iseult la Reine..... qui, à grand' joie, à grand deuil, s'aimèrent, puis en moururent un même jour, lui pour elle, elle pour lui », sous les balles d'un assassin ignoble. Un deuil plus récent affligeait les cœurs serbes. Des obsèques solennelles avaient été faites le 14 juillet 1914 à un homme que le serbisme vénérait autant qu'il avait abhorré François-Ferdinand. Pendant de longues années, M. de Hartwig avait travaillé à Belgrade pour la Russie, sa patrie, et les Serbo-Slaves, ses parents par le sang. Son renom de diplomate accompli, quelque peu fanatique, eut vite fait de passer le Danube ; « avec M. Isvolsky, il était devenu l'homme le plus détesté du gouvernement viennois (1) ». La nature fait naître le contre-poison qui guérit auprès du venin qui tue. Inclinons-

____

(1) *Frankfurter Zeitung*, 11 juillet 1914.

nous sans comprendre devant le mystérieux équilibre des forces transcendantes dont le factice équilibre de nos rêves politiques n'est que la caricature pitoyable. A l'Autriche - Hongrie, atteinte à Sarajevo, le destin devait et donna une compensation.

Un incident stupide avait surgi entre M. de Hartwig, champion du slavisme, et le baron Giesl von Gieslingen, ministre impérial et royal à Belgrade, qui plaidait avec raideur la cause teutonne. Du palais de la légation austro-hongroise, où avaient été fabriquées en 1907 les pièces à conviction du procès d'Agram, était partie une rumeur imbécile accusant le ministre russe d'avoir négligé de mettre en berne le drapeau russe quand l'archiduc mourut. *De minimis non curat prætor*, disaient les Romains, ancêtres des Latins. Il n'est pas d'infiniment petits en politique. Avec la chasse, plaisir saisonnier, les potins constituent un des rares délassements des diplomates égarés dans les petites capitales. Le baron Giesl von Gieslingen en était friand. N'était-il pas Autrichien ?

Au palais de la légation austro-hongroise, M. de Hartwig exigea une explication. Celle-ci fut acerbe, violente, et, comme à l'excitation de la colère se joignit une tension cardiaque trop forte, le ministre russe mourut dans la résidence, presque dans les bras de son plus intime ennemi. Oubliant qu'aux morts le respect est dû, la presse austro-hongroise insulta son cadavre. « Il s'était en dernier lieu donné la tâche de tirer la Serbie du mauvais pas où l'avait mise le crime de Sarajevo. Le doigt de Dieu l'a touché, et il gît froid et raide sur son lit funèbre. » La *Reichspost*, de Vienne, qui publia ces lignes, est d'inspiration germanique. Heureux germanisme dont le doigt de Dieu accomplit les destins ! Les oraisons funèbres de Bossuet ont une autre allure.

Le baron Giesl von Gieslingen triompha ; un nouveau triomphe, plus complet et plus définitif, l'attendait. Le jeudi 23 juillet 1914, à six heures du soir, « il transmit à M. Patchou, ministre des finances serbe, qui remplaçait M. Pachitch absent, « une note ultimative de son gouvernement fixant un délai de quarante-huit-heures pour l'acceptation des demandes y contenues (1) ». Et « il ajouta verbalement que, pour le cas où la note ne serait pas acceptée intégralement dans le délai de quarante-huit heures, il avait l'ordre de quitter Belgrade avec le personnel de la légation ». C'était l'ultimatum formidable qui, maintenu avec toute la ténacité teutonne, devait conduire et conduisit à la guerre serbe et, par une

____

(1) Livre orange russe, n° 1, Dépêche de M. Strandtman, chargé d'affaires russe à Belgrade à M. Sasonow, du 10/23 juillet 1914.

répercussion fatale, à la guerre européenne. En voici le texte :

Le 31 mars 1909 le Ministre de Serbie à Vienne a fait, d'ordre de son Gouvernement, au Gouvernement impérial et royal la déclaration suivante :

La Serbie reconnaît..... (1).

Or, l'histoire des dernières années, et notamment les événements douloureux du 28 juin, ont démontré l'existence en Serbie d'un mouvement subversif dont le but est de détacher de la Monarchie austro-hongroise certaines parties de ses territoires. Ce mouvement qui a pris jour sous les yeux du gouvernement serbe, est arrivé à se manifester au-delà du territoire du royaume par des actes de terrorisme, par une série d'attentats et par des meurtres.

Le Gouvernement royal serbe, loin de satisfaire aux engagements formels contenus dans la déclaration du 31 mars 1909, n'a rien fait pour supprimer ce mouvement : il a toléré l'activité criminelle des différentes sociétés et affiliations dirigées contre la Monarchie, le langage effréné de la presse, la glorification des auteurs d'attentats, la participation d'officiers et de fonctionnaires dans les agissements subversifs, une propagande malsaine dans l'instruction publique, toléré enfin toutes les manifestations qui pouvaient induire la population serbe à la haine de la Monarchie et au mépris de ses institutions.

Cette tolérance coupable du Gouvernement royal de Serbie n'avait pas cessé au moment où les événements du 28 juin dernier en ont démontré au monde entier les conséquences funestes.

Il résulte des dépositions et aveux des auteurs criminels de l'attentat du 28 juin que le meurtre de Sarajevo a été tramé à Belgrade, que les armes et explosifs dont les meurtriers se trouvaient être munis leur ont été donnés par des

---

(1) Voir le texte de cette déclaration au chapitre Ier, p. 25-26.

officiers et fonctionnaires serbes faisant partie de la « Narodna Odbrana », et enfin que le passage en Bosnie des criminels et de leurs armes a été organisé et effectué par des chefs du service-frontière serbe (1).

Les résultats mentionnés de l'instruction ne permettent pas au Gouvernement impérial et royal de poursuivre plus longtemps l'attitude de longanimité expectative qu'il avait observée pendant des années vis-à-vis des agissements concentrés à Belgrade et propagés de là sur les territoires de la Monarchie ; ces résultats lui imposent au contraire le devoir de mettre fin à des menées qui forment une menace perpétuelle pour la tranquillité de la Monarchie.

C'est pour atteindre ce but que le Gouvernement impérial et royal se voit obligé de demander au Gouvernement serbe l'énonciation officielle qu'il condamne la propagande dirigée contre la Monarchie austro-hongroise, c'est-à-dire l'ensemble des tendances qui aspirent en dernier lieu à détacher de la Monarchie des territoires qui en font partie, et qu'il s'engage à supprimer, par tous les moyens, cette propagande criminelle et terroriste.

Afin de donner un caractère solennel à cet engagement, le Gouvernement royal de Serbie fera publier à la première page du *Journal officiel* en date du 26 juin /13 *juillet* (2) :

« Le Gouvernement royal de Serbie condamne la propagande dirigée contre l'Autriche-Hongrie, c'est-à-dire

---

(1) Ce passage est imprimé en caractères italiques dans le Livre blanc allemand (édition anglaise).

(2) Il y a là une erreur involontaire dans le texte transmis le 24 juillet 1914 à M. Davignon, ministre des Affaires étrangères de Belgique, par le comte Errembault de Dudzeele, ministre du Roi à Vienne. L'ultimatum portait « en date du 13/26 juillet ». (Voir *Correspondence respecting the European Crisis*, n° 4, page 4, qui reproduit la même erreur et *Great Britain and the European Crisis*, page 4, qui la corrige. Les fonctionnaires du Ballplatz n'eurent évidemment pas le temps nécessaire pour veiller à ces petites inexactitudes de détail.)

l'ensemble des tendances qui aspirent en dernier lieu à détacher de la Monarchie austro-hongroise des territoires qui en font partie, et il déplore sincèrement les conséquences funestes de ces agissements criminels.

« Le Gouvernement royal regrette que des officiers et fonctionnaires serbes aient participé à la propagande susmentionnée et compromis par là les relations de bon voisinage auquel le Gouvernement royal s'était solennellement engagé par sa déclaration du 31 mars 1909.

« Le Gouvernement royal, qui désapprouve et répudie toute idée de tentative d'immixtion dans les destinées des habitants de quelque partie de l'Autriche-Hongrie que ce soit, considère de son devoir d'avertir formellement les officiers, les fonctionnaires et toute la population du royaume que dorénavant il procédera avec la dernière rigueur contre les personnes qui se rendraient coupables de pareils agissements qu'il mettra tous ses efforts à prévenir et à réprimer. »

Cette énonciation sera portée simultanément à la connaissance de l'Armée royale par un ordre du jour de Sa Majesté le Roi et sera publiée dans le *Bulletin officiel* de l'armée.

Le Gouvernement royal s'engage en outre :

1º A supprimer toute publication qui excite à la haine et au mépris de la Monarchie et dont la tendance générale est dirigée contre son intégrité territoriale;

2º A dissoudre immédiatement la société dite « Narodna Odbrana », à confisquer tous ses moyens de propagande, et à procéder de la même manière contre les autres sociétés et affiliations en Serbie qui s'adonnent à la propagande contre la Monarchie austro-hongroise ; le Gouvernement royal prendra les mesures nécessaires pour que les sociétés dissoutes ne puissent pas continuer leur activité sous un autre nom et sous une autre forme;

3º A éliminer sans délai de l'instruction publique en Serbie, tant en ce qui concerne le corps enseignant que les moyens d'instruction, tout ce qui sert ou pourrait servir à fomenter la propagande contre l'Autriche-Hongrie;

4° A éloigner du service militaire et de l'administration en général tous les officiers et fonctionnaires coupables de la propagande contre la Monarchie austro-hongroise et dont le Gouvernement royal et impérial se réserve de communiquer les noms et les faits au Gouvernement royal;

5° A accepter la collaboration en Serbie des organes du Gouvernement Impérial et Royal dans la suppression du mouvement subversif dirigé contre l'intégrité territoriale de la Monarchie;

6° A ouvrir une enquête judiciaire contre les partisans du complot du 28 juin se trouvant sur territoire serbe.

Des organes, délégués par le Gouvernement impérial et royal, prendront part aux recherches y relatives;

7° A procéder d'urgence à l'arrestation du Commandant Voija Tankosic et du nommé Milan Ciganovic, employé de l'Etat serbe, compromis par les résultats de l'instruction de Sarajevo;

8° A empêcher, par des mesures efficaces, le concours des autorités serbes dans le trafic illicite d'armes et d'explosifs à travers la frontière.

A licencier et à punir sévèrement les fonctionnaires du service-frontière de Chabatz et de Loznica coupables d'avoir aidé les auteurs du crime de Sarajevo en leur facilitant le passage de la frontière;

9° A donner au Gouvernement impérial et royal des explications sur les propos injustifiables de hauts fonctionnaires serbes tant en Serbie qu'à l'étranger, qui, malgré leur position officielle, n'ont pas hésité après l'attentat du 28 juin de s'exprimer dans des interviews d'une manière hostile envers la Monarchie austro-hongroise, enfin,

10° D'avertir, sans retard, le Gouvernement impérial et royal de l'exécution des mesures comprises dans les points précédents.

Le Gouvernement impérial et royal attend la réponse du Gouvernement Royal au plus tard jusqu'au samedi, 25 de ce mois, à 6 heures du soir.

Un mémoire concernant les résultats de l'instruction de Sarajevo à l'égard des fonctionnaires mentionnés aux points 7 et 8 est annexé à cette note (1).

Les annales diplomatiques des peuples civilisés offrent peu d'exemples d'un pareil abus de la force brutale. « Je n'ai jamais vu, dit sir Edward Grey, (2) un Etat adresser à un autre Etat indépendant un document d'un caractère aussi formidable. » Même l'ultimatum que l'Allemagne adressa le 2 août 1914 à la Belgique pour lui conseiller le suicide par persuasion fut conçu en termes plus amènes. Ce n'est pas là le langage que parlent entre eux les membres inégaux en forces, mais égaux en droits de la grande famille internationale. L'urbanité la plus exquise et la politesse la plus raffinée s'imposent surtout, lorsque le souverain et le ministre d'un Etat fort conversent avec les représentants d'un Etat faible. Si l'humilité convient aux petits, la politesse sied aux grands.

Le comte Berchtold qui mandata le baron Giesl

---

(1) Voir le Livre gris belge : Correspondance diplomatique relative à la guerre de 1914. (24 juillet-29 août), n° 1.

(2) Livre bleu, Numéro 5, Dépêche adressée à sir Maurice de Bunsen, ambassadeur de Grande-Bretagne à Vienne, du 24 juillet 1914.

von Gieslingen était réputé jadis pour l'agrément de son commerce et la sagesse de ses inspirations. Quand, sur la demande du comte d'Æhrenthal mourant, il fut appelé au Ballplatz, on espérait qu'il améliorerait aussitôt les rapports un peu tendus de la Monarchie avec la Russie. Pendant son séjour à l'ambassade de Saint-Pétersbourg, il s'était créé des amitiés précieuses et des sympathies promettantes. Comment en un plomb vil l'or pur s'est-il changé? Si Frédéric Le Play était encore de ce monde, il écrirait un livre profond sur l'influence du milieu en diplomatie.

Jusqu'au 23 juillet, nous ignorions que le comte Berchtold eût puisé ses hautes connaissances dans des livres allemands et au pied des illustres chaires allemandes. L'alliance austro-allemande engendre une étroite communauté de forces et de prestige. Implique-t-elle aussi l'identité des méthodes et le commun usage de la diplomatie « armée » qui, à la Wilhelmstrasse, succéda à la diplomatie intelligente de Bismarck ? Le ton même de l'ultimatum est insupportable. Le morceau est écrit en français; il fut conçu en allemand. M. von Jagow, secrétaire d'Etat allemand aux Affaires étrangères, « avoua confidentiellement qu'il pensait que la note laissait beaucoup à désirer comme document diplomatique (1) ». Accordons au comte Berchtold et à ses sous-ordres le bénéfice de circonstances largement atténuantes. Chaque pays a ses usages. Le Français séduit, l'Anglais convainc, le Russe enguirlande, l'Allemand ordonne, l'Autrichien brutalise...

La grande presse, surtout en Allemagne, renchérit sur les brutalités officielles. La *Norddeutsche Allgemeine Zeitung* publia aussitôt le document « sans précédent par son arrogance et l'exagération de ses exigences (2) » pour faire connaître au grand public l'humiliation profonde de la Serbie.

Le jour même où le baron Giesl von Gieslingen opéra à Belgrade, l'officieux *Lokal-Anzeiger* écrivit : « Avec la remise de la note autrichienne, la tension qui, depuis les événements de Sarajevo, pèse sur l'Europe prend un caractère d'acuité grave. On a toujours fait ressortir que la démarche de l'Autriche serait polie, mais résolue. Reste à savoir ce qu'au Ballplatz on a le plus accentué : la politesse ou la fermeté. » Antérieures à la remise et à la publication de l'ultimatum, ces lignes soulèvent un problème angoissant : Ou le rédacteur, sans doute inspiré, du *Lokal-Anzeiger*

---

(1) Livre bleu, Numéro 18, Dépêche de sir Horace Rumbold, Chargé d'Affaires de Grande-Bretagne à Berlin, à sir Edward Grey, du 25 juillet 1914, page 122.

(2) Le *Times*, numéro du 21 juillet 1914.

possède un merveilleux don de prophétie, ou il a connu le document avant sa remise à la Serbie Il faut admettre cette deuxième alternative. Les prophètes ont vécu dans l'Ancien Testament et leurs successeurs travaillent dans la météorologie. Le Ballplatz n'a accentué ni la politesse ni la fermeté, il a accentué la brutalité. A l'avance, la feuille berlinoise lui a fourni une excuse : « Il existe certain pays dont on n'obtient rien par la courtoisie, si on ne l'accompagne pas d'une mesure suffisante d'énergie. » L'Allemand traduit « énergie » par *Schneidigkeit*, synonyme de raideur. « Que l'on s'imagine un instant, poursuit le *Lokal-Anzeiger*, qu'un membre d'une dynastie slave, un prince héritier même, ait été assassiné par des conspirateurs habitant l'Autriche ou l'Allemagne, cette dynastie n'exigerait-elle pas au moins la même satisfaction que celle que l'Autriche-Hongrie a l'intention d'exiger aujourd'hui de la petite Serbie. »

L'ironie est pesante, pesante comme le vaste pied du soldat poméranien qui, pendant des heures, a fait le « pas de parade » sur le rugueux pavé de Stettin. La bombe d'Orsini refroidit à peine la mystérieuse affection que Napoléon III portait au pays de ses rêves. Le 24 juin 1894, Caserio assassina à Lyon le Président Carnot ; aucune réparation ne fut demandée à l'Italie. Il est vrai que la victime de Caserio n'était même pas un prince héritier et que Prinzip est un ressortissant austro-hongrois et opéra en Bosnie. Quand l'impératrice Elisabeth fut assassinée à Genève, le Ballplatz ne rendit responsable ni la Suisse, sur le territoire de laquelle le crime fut commis, ni l'Italie dont relevait Lucheni. Quand Beresowsky tira à Paris sur l'empereur Alexandre, les relations franco-russes ne souffrirent point. L'attentat de la rue de Rohan fournit au chevaleresque souverain espagnol l'occasion de manifester une fois de plus le sceptique héroïsme qui l'anime.

Dès le 20 juillet 1914, sir Edward Grey avait informé le prince Lichnowski, ambassadeur allemand à Londres, que, « plus l'Autriche pourrait maintenir ses demandes dans des limites raisonnables et plus la justification produite à l'appui serait forte, plus il y aurait de chances d'aplanir les choses (1) ». C'était l'évidence même. L'assassinat de François-Ferdinand fut le prétexte de l'ultimatum. Admettons — et il faut bien l'admettre, si l'on veut conserver la foi dans la loyauté politique austro-hongroise — qu'il en ait été la cause principale. *Post hoc, ergo propter hoc :* risquons le douteux sophisme en cette matière

______

(1) Livre bleu, Numéro 1, Dépêche de sir Edward Grey à sir Horace Rumbold, du 20 juillet 1914, page 107.

macabre. Le devoir de la Monarchie se trouvait clairement tracé.

L'assassinat politique est un assassinat avant d'être politique. Le juge a le pas sur le diplomate, l'instruction doit précéder l'intervention. Il fallait chercher, enquêter, d'abord, prouver ensuite, puis requérir. Ni les disciples de Friedjung, ni le comte Forgach ne pouvaient exiger qu'on les crût sur parole. Il est des erreurs qu'on pardonne parce qu'on ne peut faire autrement, mais qu'on n'oublie pas. Du prétoire au cercueil, le casier judiciaire accompagne son titulaire. L'homme qui a une fois fauté, fût-ce par entraînement juvénile, par emportement passionnel ou par égarement momentané, n'a plus la réputation intacte de celui qui n'a jamais dévié du droit chemin. Il en est surtout ainsi dans le redoutable domaine politico-judiciaire où les passions obscurcissent trop souvent le droit jugement.

Le juge d'instruction se livra à une enquête longue et circonstanciée qui dura environ trois semaines. Accusée principale, la Serbie ne fut conviée ni à assister au débat ni à en suivre les variables péripéties. C'est en vain qu'elle demanda que lui fussent communiquées les pièces établissant la complicité de ses ressortissants ; elle dut rester inactive parce qu'ainsi le voulait l'Autriche-Hongrie. « Consciente de ses devoirs internationaux, télégraphia le prince héritier de Serbie à l'empereur Nicolas II (1), la Serbie, dès les premiers jours de l'horrible crime, a déclaré qu'elle le condamnait et qu'elle était prête à ouvrir une enquête sur son territoire, si la complicité de certains de ses sujets était prouvée au cours du procès instruit par les autorités austro-hongroises. » L'Autriche-Hongrie ne manqua pas de tirer argument de cette inaction née de son fait. « Le comte Mensdorff (ambassadeur austro-hongrois à Londres) a dit que si la Serbie, dans l'intervalle qui s'est écoulé depuis l'assassinat de l'archiduc, avait spontanément fait une enquête sur son propre territoire, tout ceci aurait pu être évité (2). » Les coupables, les armes, les témoins se trouvaient à Sarajevo ; les juges et les diplomates austro-hongrois étaient impénétrables. Sur quoi les magistrats serbes auraient-ils pu baser leurs recherches ?

Le Ballplatz déduit la responsabilité de la Serbie des aveux des assassins et des dépositions des témoins. Une dizaine de lignes résument les chefs d'accusation : le meurtre a été tramé à Belgrade ; les armes et explosifs ont été remis aux meurtriers par des officiers et des fonctionnaires serbes;

(1) Livre orange russe, Numéro 6, Télégramme du 11/24 juillet 1914.

(2) Livre bleu, Numéro 3, Dépêche de sir E. Grey à sir M. de Bunsen du 23 juillet 1914, page 110.

« le passage en Bosnie des criminels et de leurs armes a été organisé et effectué par des chefs du service-frontière serbe. »

L'annexe de l'ultimatum précise en ces termes les charges relevées contre les officiers et les fonctionnaires serbes :

1° Le complot ayant pour but d'assassiner, lors de son séjour à Sarajevo, l'archiduc François-Ferdinand, fut formé à Belgrade par Gavrilo Prinzip, Nedeljko Cabrinovitch, le nommé Milan Ciganovic et Trifko Grabez, avec le concours du commandant Voija Tankosic.

2° Les 6 bombes et les 4 pistolets Browning avec munition, moyennant lesquels les malfaiteurs ont commis l'attentat, furent livrés à Belgrade à Prinzip, Cabrinovic et Grabez par le nommé Milan Ciganovic et le commandant Voija Tankosic.

3° Les bombes sont des grenades à la main provenant du dépôt d'armes de l'armée serbe à Kragujevac.

4° Pour assurer la réussite de l'attentat, Ciganovic enseigna à Prinzip et Grabez la manière de se servir des grenades et donna, dans une forêt près du champ de tir à Topschider, des leçons de tir avec pistolets Browning à Prinzip et Grabez.

5° Pour rendre possible à Prinzip, Cabrinovic et Grabez de passer la frontière de Bosnie-Herzégovine et d'y introduire clandestinement leur contrebande d'armes, un système de transport secret fut organisé par Ciganovic.

D'après cette organisation l'introduction en Bosnie-Herzégovine des malfaiteurs et de leurs armes fut opérée par les capitaines-frontières de Chabac (Rade Popovic) et de Loznica ainsi que par le douanier Rudivoij Grbic de Loznica avec le concours de divers particuliers (1).

---

(1) Livre gris belge, numéro 1.

En dehors de ces conclusions unilatérales des autorités austro-hongroises, l'ultimatum ne fournit point d'autre preuve de la culpabilité serbe. Il promit d'autres documents. « A l'appui de ce qui précède, dit la note circulaire de la Monarchie aux Puissances (1), le Gouvernemeut impérial et royal tient à la disposition du Gouvernement royal de Grande-Bretagne un dossier élucidant les menées serbes et le meurtre du 28 juin. » Ces preuves et ce dossier auraient dû être fournis avant toute action coercitive ; ainsi l'exigeaient l'élémentaire justice et les égards dus aux Puissances. « On était convaincu partout, écrit le Gouvernement britannique (2), que, avant d'entreprendre quoi que ce soit, l'Autriche exposerait au public son dossier contre la Serbie. » L'ambassadeur allemand à Londres partageait cette opinion : « J'ai dit, écrit sir Edward Grey, rendant compte de sa conversation du 20 juillet avec le prince Lichnowsky, que je supposais que le Gouvernement autrichien ne ferait rien avant qu'il n'ait révélé au public sa plainte contre la Serbie, fondée probablement sur ce qu'il avait découvert lors du procès. L'ambassadeur a dit qu'il supposait qu'on agirait certainement sur une

---

(1) Livre bleu, numéro 4.
(2) *Great Britain and the European Crisis, Introductory Narrative of events*, page IV.

plainte qui serait rendue publique (1). » « En fait, le Gouvernement de Sa Majesté ne reçut aucune communication du dossier, sur lequel l'Autriche basait son ultimatum, avant le 7 août (2). »

L'Allemagne fut plus heureuse. Une pièce insérée dans son Livre blanc du 3 août renseigne sur le dossier complet qui aurait été publié à Vienne le 27 juillet 1914 (3). Après avoir relaté les aveux des assassins et de leurs complices, cette pièce continue en ces termes : « D'autres parties de cette annexe rapportent les déclarations des accusés devant le juge d'instruction sur les origines du complot et sur la provenance des bombes, établies en fabrique en vue d'opérations militaires et, à en juger d'après leur emballage, venues de l'arsenal de Kragujevac. D'autres indications renseignent sur le transport des assassins et des armes de Serbie en Bosnie. Les témoignages ont établi que, quelques jours avant l'assassinat, un ressortissant de la Monarchie s'achemina vers le consulat austro-hongrois de Belgrade pour y annoncer qu'il soupçonnait l'existence d'un complot pour assassiner l'archiduc pendant son séjour en Bosnie. La dénonciation ne put avoir lieu; pour des raisons futiles, la police de Bel-

(1) Livre bleu, numéro 1, page 107.
(2) *Great Britain and the European Crisis*, page IV.
(3) Livre blanc allemand, page 389.

grade arrêta le dénonciateur au moment même
où celui-ci allait franchir le seuil du consulat.
D'autres témoins ont affirmé que les policiers de
Belgrade avaient eu connaissance du projet d'attentat. » Le cas de ce loyal sujet austro-hongrois
qui a connu le complot, on ne sait comment, et
qui fut arrêté pour des raisons futiles dont on ne
nous dit rien est extrêmement intéressant; il
rappelle opportunément le digne Prochaska et le
noble Friedjung. Le réquisitoire austro-hongrois
ne le retient pas : « Comme ces dires n'ont pas
encore pu être contrôlés, il convient de s'abstenir
de toute appréciation. » C'est la prudence même;
ce serait presque de la justice, si on n'avait pas
fait état de pareilles insanités. En moins beau,
ce roman d'amour et d'aventures rappelle les
superbes pages de Conan Doyle.

La réplique du Gouvernement austro-hongrois
à la note « responsive » serbe fournit quelques
autres précisions et une accusation nouvelle. Le
préfet de police de Belgrade y est accusé de récel
de malfaiteurs (1). Acquittons sans autre examen
ce haut fonctionnaire. Bien que les braconniers
impénitents fassent d'excellents gardes-chasse, on
ne choisit généralement pas, même à Belgrade,
les chefs de la police dans le camp des malfaiteurs.

---

(1) Livre blanc allemand, pages 372-385.

Milan Ciganovic n'était pas un fonctionnaire du Gouvernement serbe; « jusqu'au 28 juin, il était employé (comme aspirant) à la direction des chemins de fer » de Belgrade (1). Des accusations précises pèsent sur le commandant Voija Tankosic, Rade Popovic, capitaine-frontière à Chabac, son collègue de Loznica et le douanier Rudivoij Grbic, stationné également à Loznica; la liste des fonctionnaires serbes qui sont accusés d'avoir trempé dans l'affaire de Sarajevo ne contient que ces quatre noms. En quoi le gouvernement de Belgrade peut-il et doit-il être rendu responsable des agissements de ces quelques fonctionnaires subalternes? Il eût été injuste de demander réparation au Gouvernement de Berlin ou même au XVe corps du général von Deimling des frasques commises dans les arrière-boutiques et dans les granges des alentours de Saverne par l'immortel lieutenant von Forstner. Les gouvernements répondent du fait du fonctionnaire et non pas du fait de l'homme. Rien, dans le dossier austro-hongrois, ne permet de supposer que Belgrade ait connu ou favorisé les desseins de ce brelan de criminels.

Reste le fait des quatre brownings et des six bombes qui furent dérobés dans l'arsenal de Kra-

____

(1) Réponse de la Serbie à l'ultimatum austro-hongrois. Voir au Livre blanc allemand, page 383.

gujevac ou dans un dépôt militaire. Il démontre que, en Serbie comme dans d'autres pays, il est des fonctionnaires et des ouvriers indélicats chez qui la simple cupidité ou les passions nationales dominent le devoir professionnel. Ces individus relèvent du juge d'instruction pour le fait délictueux, de leur chef hiérarchique pour le manquement professionnel. Le Gouvernement impérial et royal leur fait beaucoup d'honneur quand il les évoque devant le noble tribunal diplomatique.

Les bombes ou grenades à main, qui sont d'un usage courant dans l'armée serbe, sont fabriquées en grand et par centaines de mille unités dans les établissements de l'Etat. Il est aussi facile de s'en procurer que de se procurer des balles Mannlicher, Mauser ou Lebel. « Flacons rectangulaires de 9 centimètres de haut, de 7 centimètres de largeur et de 4 centimètres d'épaisseur environ », elles pèsent à peu près 3 livres (1). L'introduction des dix bombes et des quatre brownings n'a donc pas été pénible. Les bombes pesaient 9 kilos, les brownings avec leurs chargeurs moins de 4 kilos, et ce poids total était sans doute réparti en poids individuels de quelques kilos. Si Sherlock Holmes était encore de ce monde, il vengerait vraisemblablement les braves

---

(1) Voir les articles fortement documentés de M. André Chéradame dans le *Journal*, 25 juillet et 27 juillet 1914.

douaniers de Chabac et de Loznica de la formidable accusation austro-hongroise.

Les exercices de jet de bombe et le tir au browning en forêt de Topschider ont pu passer inaperçus. La bombe qui explose fait l'effet d'un gros pétard ; il suffit de dix minutes pour en apprendre le maniement. Le browning a la voix douce ; les employés de M. Gastine-Renette en enseignent l'usage à leurs clients en moins d'une heure. Le Ballplatz n'a-t-il pas exagéré quand il a accusé la « Narodna Odbrana, » qu'il a en horreur, d'avoir installé une école spéciale « pour former et équiper des bandes de francs-tireurs en vue de la guerre imminente contre la Monarchie » ? Il est étrange que les conspirateurs de Sarajevo aient ignoré le tir du browning et le jet des bombes dont les soldats serbes font un large usage. Ces misérables ignoraient l'a, b, c de leur métier.

Le complot de Sarajevo ne figure qu'accessoirement, et parce qu'il n'était pas possible de l'en écarter de parti-pris, dans le réquisitoire austro-hongrois. Les préoccupations du Ballplatz étaient ailleurs. Deux allusions rapides sont faites au meurtre du 28 juin dans la note-circulaire que le cabinet de Vienne adressa, le 24 juillet, aux Puissances. L'ultimatum et la circulaire visent surtout l'intense mouvement nationaliste ou panserbe qui agite la Serbie et s'épanouit en une abondante floraison d'associations patriotiques. La « Narodna Odbrana » et la presse serbe sont souvent nommées. Il s'agit d'un redoutable procès de tendance que fait un pays de cinquante millions d'habitants à un Etat faible, né d'hier, dont deux guerres successives ont affaibli les forces militaires. Les jugements qui terminent ces sortes de procès s'inspirent généralement moins de la justice pure que des considérations de puissance ou d'influence qui les font naître et des convictions personnelles de ceux qui les rendent.

Le Gouvernement impérial et royal a tout fait pour conquérir l'amitié de la Serbie, et le Gouvernement de Belgrade l'a récompensé par la plus noire ingratitude : cette phrase résume tous les considérants du dossier austro-hongrois qui nous est soumis. Admirez l'immense mansuétude de l'Autriche-Hongrie : « La longanimité du Gouvernement impérial et royal à l'égard de l'attitude provocatrice de la Serbie était inspirée du désintéressement territorial de la Monarchie austro-hongroise et de l'espoir que le Gouvernement serbe lui-même finirait tout de même par apprécier à sa juste valeur l'amitié de l'Autriche-Hongrie. En observant une attitude bienveillante pour les intérêts politiques de la Serbie, le Gouvernement impérial et royal espérait que le

Royaume se déciderait finalement à suivre de son côté une ligne de conduite analogue. L'Autriche-Hongrie s'attendait surtout à une pareille évolution des idées politiques en Serbie lorsque, après les événements de l'année 1912, le Gouvernement impérial et royal rendit possible, par une attitude désintéressée et sans rancune, l'agrandissement considérable de la Serbie. »

C'est là de l'histoire inédite qu'enseigneront bientôt les Sybel et les Treitschke de demain. L'histoire que nous connaissons, pour l'avoir vécue, parle un autre langage. Jusqu'au 23 juillet 1914, la Serbie ignorait qu'elle doit ses agrandissements territoriaux de 1912 à la bienveillance de sa voisine. La grande érudition n'est pas monnaie courante dans ces pays orientaux qui servent de trait-d'union entre la barbarie semi-asiatique et la « culture » européenne. A défaut d'érudition, on y a de la mémoire. On s'y souvient du congrès de Berlin où la Monarchie s'empara, contre tout droit, de deux provinces serbo-slaves, de l'annexion de 1908 qui convertit arbitrairement en titre de propriété ce qui n'avait été qu'un titre précaire, des pénibles débats de 1912 où l'Autriche-Hongrie s'opposa au slavisme. Le Ballplatz plaide son désintéressement passé. Désintéressement contraint ou désintéressement volontaire ? Les Serbes l'ont cru forcé. L'appétit austro-hongrois frisait la gloutonnerie, quand fut liquidée la guerre russo-turque, et en 1878, quand partout régnait une paix profonde. Comment expliquer sa soudaine inappétence devant les morceaux de choix qui, après l'effondrement turc, ornaient la table du festin! Il est des gens bien portants qu'une collation frugale maintient en forme. Malheur au gros mangeur que n'allèche plus le fumet de la grive! Il n'est que temps d'appeler la faculté. Vouloir et pouvoir : ces deux verbes ne sont pas synonymes. L'Autriche-Hongrie voulait et pouvait en 1878, quand Bismarck était tout-puissant, et en 1908, quand la Russie était hors d'haleine; elle voulait, mais ne pouvait pas, en 1912. C'est en vain que le Ballplatz s'essaie dans son réquisitoire à faire de nécessité vertu. *Pectus est quod disertos facit:* il parle sans conviction et n'entraîne pas la conviction.

Qui sème le vent, récolte la tempête. Contrairement aux brutales affirmations de l'ultimatum et de la note-circulaire, l'Autriche-Hongrie a tout fait pour accroître les ressentiments de la Serbie et susciter l'hostilité irréductible dont elle se plaint. La « Narodna Odbrana » naquit de ces ressentiments, comme la « Ligue des Patriotes » naquit de la sotte amputation du traité de Francfort. Si Bismarck n'avait pas cédé à la pression de la camarilla militaire et annexé l'Alsace et la

Lorraine, Paul Déroulède aurait recruté moins de partisans. Si l'Autriche-Hongrie s'était toujours inclinée devant les droits d'autrui et avait respecté les nations faibles, elle n'aurait pas eu le désagrément de voir se dresser contre elle la « Narodna Odbrana » et sa longue suite d'associations nationalistes. Le panserbisme trouva une nourriture abondante dans les vexations sans nombre que la Monarchie infligeait à ses sujets slaves. Grâce à un très puissant concours, l'Autriche-Hongrie put conquérir les bonnes grâces de la Turquie aveugle qu'elle avait détroussée en 1878 et en 1908 — pour ne parler que du passé récent. Ses opérations de douteux brigandage et son hostilité renfrognée ne lui ont pas gagné les cœurs revêches des paysans serbes. L'amour ne se commande pas ; la reconnaissance n'est pas une vertu des peuples. Même chez les âmes bien nées, la gratitude suit le bienfait et ne le précède pas. Entre l'Autriche-Hongrie et la Serbie plane et planera toujours, aussi longtemps que des Slaves subiront le joug de l'empereur et roi, l'idéal serbe. La Serbie peut cesser d'être ; elle ne peut être et cesser d'être Serbe. Les beaux rêves nationalistes fournirent à la grande Monarchie un argument péremptoire : « Au mur qui précède le salon de réception du Ministère de la Guerre serbe se trouvent quatre tableaux allégoriques : trois d'entre eux représentent des victoires serbes ; le quatrième symbolise les tendances hostiles à la Monarchie de la Serbie. La Zora, aurore des espérances serbes, s'élève sur un paysage de montagne (la Bosnie) et de plaines (la Hongrie méridionale). Sur le bouclier de la femme en armes qui occupe l'avant-plan sont inscrits les noms des « provinces à libérer » : Bosnie, Herzégovine, Wojwodine, Syrmie, Dalmatie, etc. (1) ». Comment répondre à des arguments de cette force ? Le comte Berchtold oublia de mentionner la destruction de la Zora dans une onzième demande. L'ultimatum du 23 juillet 1914 visait la destruction et non pas la soumission de la Serbie.

Voici comment, dans son langage mordant et précis, M. Lloyd George (2) résume les demandes austro-hongroises :

« Que demande l'Autriche ? La Serbie sympathise avec ses congénères de la Bosnie. Premier crime. Qu'elle s'abstienne ! Ses journaux disent de vilaines choses de l'Autriche. Qu'ils cessent ! Voilà l'esprit de l'Autriche. Vous avez vu cet esprit à Saverne. Vous osez critiquer un fonctionnaire des douanes ! Sourire, c'est un crime

---

(1) Livre blanc allemand, page 389.

(2) Cité par sir Valentine Chirol, *Serbia and the Serbs*, *Oxford Pamphlets* 1914, 3ᵉ éd. page 16.

capital. Le colonel a menacé de la fusillade quiconque oserait récidiver. Les journaux serbes ne
doivent pas critiquer l'Autriche. Que serions-nous
devenus, si nous avions agi de la sorte à l'égard
des journaux allemands ? La Serbie répond :
« Bien, nous interdirons à nos journaux de critiquer à l'avenir l'Autriche et non seulement l'Autriche, mais la Hongrie et tout ce qui leur appartient. » Inclinons-nous devant la vaillante Serbie
qui va houspiller ses éditeurs de journaux. Elle
promet de ne plus sympathiser avec la Bosnie, de
ne plus écrire d'articles de critique sur l'Autriche.
Elle n'aura plus de réunions publiques où l'on
puisse dire des choses désagréables à sa voisine. Cela ne suffit pas encore. Elle doit renvoyer
de l'armée les officiers dont l'Autriche lui fournira
les noms. Ces officiers sortent d'une guerre où ils
furent braves, vaillants, heureux, et qui ajouta
quelque gloire aux armes serbes. Fut-ce leur
succès où fut-ce leur faute qui inspira l'action
autrichienne ? A l'avance, la Serbie doit promettre
leur renvoi : les noms suivront. Quel pays au
monde aurait toléré ces choses ? »

Est-ce à dire que le gouvernement du roi
Pierre n'ait jamais fauté et que le Ballplatz n'ait
pas été en droit de protester contre les exagérations certaines de la campagne panserbe ? Il est
possible de découvrir de *rari nantes in gurgite*

vasto et quelques faits repréhensibles dans le fatras hétéroclite d'insinuations et d'accusations amassé par les sous-ordres du Gouvernement austro-hongrois.

Le droit international justifie pleinement la sixième demande de l'ultimatum : Ouverture d'une instruction contre les complices de l'assassinat qui se trouvent en territoire serbe. Le gouvernement de Belgrade n'avait pas attendu l'admonition ; il ne put agir parce que le Ballplatz ne lui en fournit pas les moyens.

Les premières demandes touchent à ce délicat domaine de la presse et des associations sur lequel les gouvernements libres ne se risquent qu'à regret. Dame Censure est peu aimée des gens de presse et, à en croire l'expérience de tous les peuples, ses ciseaux sont plutôt nuisibles qu'utiles. Comme les demandes se heurtaient aux lois et à la constitution serbes, le cabinet de Belgrade promit de les amender. Brutalement, il lui fut répondu : « Une loi permettant de sévir subjectivement contre les manifestations hostiles à la Monarchie ! Cela nous est indifférent... La proposition ne répond en aucune façon à notre demande... Un amendement à l'article 22 de la Constitution pour rendre possible la confiscation ! Cette proposition ne nous satisfait pas davantage... Ces propositions sont donc entièrement insuffisantes. De plus, elles sont évasives, en ce sens que l'on ne nous dit pas dans quel délai ces lois seront faites. Au cas où la Skoupchtina les rejeterait, les choses resteraient en l'état. Nous ne parlons même pas de l'éventualité d'une démission du gouvernement (1). » La même rebuffade s'abattit sur M. Pachitch qui se déclara prêt « à éloigner du service militaire ceux pour qui l'enquête judiciaire aura prouvé qu'ils sont coupables d'actes dirigés contre l'intégrité territoriale de la monarchie », pourvu que « le Gouvernement impérial et royal lui communiquât ultérieurement les noms et les faits de ces fonctionnaires et officiers aux fins de la procédure qui doit s'en suivre ». Des preuves, des instructions judidiaires ! « Nous exigeons, répliqua le Ballplatz, le renvoi des officiers et fonctionnaires qui se livrent à une propagande hostile à la monarchie, fait juridiquement non punissable en Serbie (2). » La preuve est faite que l'autocratie austro-hongroise ne peut vivre aux côtés de la Serbie aux institutions constitutionnelles et libres. Pour comprendre la liberté, il faut en avoir fait l'apprentissage.

Dans sa cinquième demande, absolument inadmissible, l'ultimatum convie la Serbie à s'immoler

---

(1) Livre blanc allemand, pages 378-379.
(2) Livre blanc allemand, pages 380-381.

sur l'autel des ambitions austro-hongroises. Des fonctionnaires impériaux et royaux devaient collaborer en Serbie à la poursuite des nationalistes serbes et des complices de l'assassinat du 28 juin. « La demande n° 5, a écrit sir Edward Grey (1), serait à peine compatible avec le maintien de la souveraineté indépendante de la Serbie, si elle voulait dire, comme cela paraissait possible, que l'Autriche-Hongrie devait être investie du droit de nommer des fonctionnaires qui exerceraient de l'autorité au dedans des frontières de la Serbie. » La finesse diplomatique de l'éminent ministre anglais n'était pas en défaut. La sixième demande aggrave encore la précédente. La réponse de M. Pachitch est un modèle d'habileté diplomatique. Il refusa d'accepter la participation des agents austro-hongrois à l'enquête judiciaire, parce que la constitution et le code d'instruction criminelle lui en faisaient un devoir. Il admit, dans « la suppression du mouvement subversif dirigé contre l'intégrité territoriale de la Monarchie..., la collaboration qui répondrait aux principes du droit international et à la procédure criminelle ainsi qu'aux bons rapports de voisinage ».

Le Ballplatz se trouva piqué au vif. L'entrée

---

(1) Livre bleu, numéro 5, Dépêche de sir Edward Grey à sir Maurice de Bunsen, ambassadeur de Grande-Bretagne à Vienne, du 24 juillet 1914.

de ses fonctionnaires en territoire serbe lui importait plus que tout. Ingénuement, le comte Mensdorff le reconnut dans l'une de ces dangereuses conversations qu'il eut au Foreign Office avec sir Edward Grey : « Le comte Mensdorff a admis que, à la première vue, la réponse serbe pouvait paraître satisfaisante ; mais que les Serbes avaient refusé la seule chose — la coopération des fonctionnaires et de la justice autrichienne — qui pût constituer une garantie sérieuse qu'en pratique les Serbes ne poursuivraient pas leur politique subversive contre l'Autriche (1). » Le Gouvernement impérial et royal ne prit pas la peine de voiler ses intentions. Il répondit que ses fonctionnaires devaient prendre part aux opérations de police et non pas aux enquêtes judiciaires. La distinction est inopérante. Et il rejeta du pied la réserve juridique de la Serbie : « Ni le droit des gens, ni le droit pénal n'ont rien à voir à cette question. Il s'agit d'une affaire de police d'État qui doit être réglée par un accord spécial. L'attitude pleine de réserve de la Serbie se comprend et, vague dans sa forme, engendrerait des difficultés insurmontables lors de la conclusion de l'accord à intervenir (2). » La

____

(1) Livre bleu, numéro 48, Dépêche de sir Edward Grey à sir Maurice de Bunsen, du 27 juillet 1914.

(2) Livre blanc allemand, page 381.

dernière incidente est parfaitement exacte. Il eût été impossible de sauvegarder l'indépendance de la Serbie et d'accepter la demande austro-hongroise.

Vidant jusqu'à la lie le calice des inutiles humiliations, le Gouvernement serbe consentit même aux révoltantes publications dans le *Journal Officiel* et dans le *Bulletin de l'Armée*. Finalement il se déclara prêt, pour le cas où ses concessions paraîtraient encore insuffisantes, « à accepter une entente pacifique, soit en remettant cette question à la décision du Tribunal international de La Haye, soit aux grandes Puissances qui ont pris part à l'élaboration de la déclaration que le Gouvernement serbe a faite le 18-31 mars 1909 ». Ce rappel à la justice impartiale n'était pas demandé ; la réplique austro-hongroise le passe sous silence. Il était cependant logique. Les grandes Puissances étaient particulièrement compétentes pour connaître des prétendues violations d'un acte international dressé sur leur demande et sous leur égide. Les brigands de Sicile invoquent la Madone quand ils méditent un mauvais coup ; les diplomates qui s'attaquent aux faibles recherchent l'ombre complice et chevauchent dans la nuit. Quel tribunal aurait sanctionné l'assassinat honteux d'un Etat indépendant, sur la foi d'accusations que l'on n'avait même pas appuyées sur des preuves péremptoires? La Cour de La Haye juge sur pièces; les affirmations même hautaines ne sont pas des pièces.

L'ultimatum austro-hongrois avait surpris les chancelleries; la réponse serbe les surprit davantage. Celle-ci, dit sir Edward Grey à l'ambassadeur allemand, « allait plus loin pour satisfaire aux demandes austro-hongroises que l'on ne pouvait s'y attendre (1) ». Le Directeur du département politique au ministère français des Affaires étrangères estima que « l'attitude conciliante de la Serbie devait produire la meilleure impression en Europe (2) ». La réponse serbe, manda M. Sazonow à ses ambassadeurs, « dépasse toutes nos prévisions par sa modération et par son désir de donner la plus complète satisfaction à l'Autriche (3) ». M. von Jagow avait reconnu « qu'il y avait dans la note autrichienne des choses que l'on ne pouvait guère s'attendre à voir la Serbie accepter (4) ». Il constata sans

---

(1) Livre bleu, numéro 46, Dépêche de sir Edward Grey à sir Edward Goschen, ambassadeur de Grande-Bretagne à Berlin, du 27 juillet 1914, page 131.

(2) Livre orange russe, numéro 27, Dépêche de M. Sevastopoulo, chargé d'affaires de Russie à Paris, à M. Sazonow, du 26 juillet 1914.

(3) Livre orange russe, numéro 33, page 262, Dépêche de M. Sazonow aux ambassadeurs russes en France, en Angleterre, en Allemagne, en Autriche-Hongrie et en Italie, du 27 juillet 1914.

(4) Livre bleu, numéro 29, Sir Edward Grey à sir Edward Goschen, du 27 juillet 1914.

doute que la réponse du 25 juillet était conçue dans les termes les plus conciliants. Aussi, de peur que sa publication ne produisît, pendant qu'il en était encore temps, un effet réfrigérant sur l'enthousiasme du grand public allemand, le bureau Wolff, que la guerre devait rendre si célèbre, s'abstint pendant quelque temps d'en faire usage. Le 29 juillet, quand le maintien de la paix n'était plus à craindre, la *Norddeutsche Allgemeine Zeitung* en fit la publication intégrale à laquelle elle joignit les répliques de l'Autriche-Hongrie. Il semble même que les ambassadeurs des deux Puissances teutonnes aient fait preuve d'une tendresse coupable ; ils avaient sans doute mal compris les instructions de leurs Gouvernements. Le comte Szecsen s'étonna que la réponse serbe « n'eût pas donné satisfaction à Giesl (1) ».

Le prince Lichnowsky témoigna d'une plus grande douceur : « Parlant en simple particulier, Son Excellence suggéra qu'en aucun cas, une réponse négative ne devait être donnée par la Serbie. Une réponse favorable sur certains points devait être donnée de suite, de façon à fournir à l'Autriche une excuse pour ne pas agir immédia-

______

(1) Livre orange russe, numéro 27, Dépêche de M. Sevastopoulo, chargé d'affaires russe en France à M. Sazonow, du 26 juillet 1914.

tement (1) ». La réponse a dû dépasser toutes les prévisions de l'éminent diplomate.

Au nom de son pays, le prince Alexandre avait fait cette promesse à l'empereur Nicolas II : « Nous sommes prêts à accepter les conditions austro-hongroises qui sont compatibles avec la situation d'un Etat indépendant, ainsi que celles dont l'acceptation nous sera conseillée par Votre Majesté (2) ». Magnifiquement la Serbie avait tenu sa parole. Ce n'est pas en vain que les ministres de la Triple-Entente accrédités à Belgrade lui avaient conseillé la modération ; après avoir vu « les termes conciliants du projet de réponse », M. Crackanthorpe, chargé d'affaires de Grande-Bretagne, crut inutile « d'offrir encore des conseils au Gouvernement serbe (3) ».

D'ordre de son gouvernement, le baron Giesl von Gieslingen informa, le 25 juillet, à 6 heures et demie, « le Gouvernement serbe, par note, que, n'ayant pas reçu au délai fixé une réponse satisfaisante, il quittait Belgrade avec tout le personnel de la légation (4) ». C'était la rupture

---

(1) Livre bleu, numéro 11, Dépêche de sir Edward Grey à sir Horace Rumbold, du 24 juillet 1914, page 119.

(2) Livre orange russe, n° 6.

(3) Livre bleu, numéro 22, Dépêche de M. Crackanthorpe à sir Edward Grey, du 25 juillet 1914.

(4) Livre orange russe, n° 21, Dépêche de M. Strandtman à M. Sazonow, du 25 juillet 1914.

des relations diplomatiques, prélude de la guerre austro-serbe, qui fut elle-même le prélude de la guerre européenne.

Une acceptation sans conditions des demandes austro-hongroises l'aurait peut-être retardée de quelques jours ou de quelques semaines ; elle ne l'aurait pas évitée. Comme l'a dit avec raison M. Sazonow au comte Szapary, ambassadeur austro-hongrois à Saint-Pétersbourg, « quelques-unes des demandes étaient absolument inexécutables, même dans le cas où le Gouvernement serbe aurait déclaré les vouloir accepter.... L'exécution des points 4 et 5 aurait pu produire des conséquences fort dangereuses et même faire naître le danger d'actes de terrorisme dirigés contre les membres de la maison royale et contre Pachitch, ce qui ne saurait entrer dans les vues de l'Autriche (1) ».

Le Gouvernement impérial et royal n'ignorait pas cette situation ; il savait que la Serbie ne pouvait admettre ses demandes et que, si elle les admettait, elle ne pourrait les appliquer. La prévision d'une ère terroriste, rappelant les horreurs lointaines du konak de Belgrade, n'était pas pour lui déplaire. L'acte du 23 juillet était un coup d'épée dans l'eau ; il fallait troubler l'eau pour

____

(1) Livre orange russe, numéro 25, page 259. Dépêche de M. Sazonow à M. Schébéko, ambassadeur de Russie à Vienne, du 26 juillet 1914.

que la pêche devînt abondante. Le comte Berchtold regardait plus loin et plus haut ; hypnotisé
par cette vue, il n'aperçut pas l'abîme qui s'entr'ouvrait devant lui, prêt à engouffrer dans ses
profondeurs insondables toute la fortune de la
pitoyable monarchie.

CHAPITRE III

L'ALLIANCE AUSTRO-ALLEMANDE

SOMMAIRE. — Castor l'Autrichien et Pollux l'Allemand.
— Bismarck et l'unité allemande : Sadowa ; les annexions
par « nécessité politique ». — L'alliance : Les travaux
d'approche ; l'entente des Trois Empereurs ; l'incident
franco-allemand de 1875 ; le congrès de Berlin ; l'al·
liance du 7 octobre 1879 ; l'adhésion de la Russie ;
l'alliance italo-allemande ; la contre-assurance russe. —
Les difficultés balkaniques. — L'*Italia irredenta*. —
L'Autriche vassale : Les intérêts allemands et les intérêts autrichiens ; les Allemands d'Autriche. — Le pangermanisme et l'Autriche.

Le mariage austro-allemand, dont la lune de miel
est légèrement troublée par quelques insuccès,
rappelle une séduisante légende mythologique.
Léda, fille du roi d'Etolie, fut une femme volage.
Son noble époux, Tyndare, roi de Sparte, lui
donna Castor, habile à dompter les chevaux ;
Jupiter, le cygne divin, la gratifia de Pollux qui
devint une sorte de Jack Johnson du pugilat et
put, grâce à son immortalité, défier tous les champions. Castor et Pollux s'aimaient ; ils guerroyè-
rent ensemble. Ils combattirent contre ·Athènes
pour délivrer leur sœur Hélène ravie par Thésée,

contre les Argonautes, contre Idas et Lyncée, fils d'Apharée. Castor eut des malheurs : Lyncée le tua en combat singulier. Pollux supplia son digne père de faire participer le jumeau défunt à sa propre immortalité. Sa prière fut exaucée : l'immortel de naissance et le ressuscité immortel durent vivre alternativement six mois sur terre et six mois dans les enfers. Une fois encore ils s'unirent sur terre. Tite-Live qui écrivit délicieusement et inventa mieux encore nous apprend qu'ils assistèrent, aux bords du lac Régille, les légions romaines luttant contre les Latins.

Un pareil amour fraternel unit l'empire allemand à l'empire d'Autriche-Hongrie. Castor, c'est la monarchie dualiste, habile à dompter les peuples aux races et aux langues diverses ; Pollux, c'est l'Allemagne impériale qui sait combattre, dévaster, incendier, détruire, ravir le bien d'autrui. Celle-ci est immortelle, car la race allemande, privilégiée entre toutes, ne peut périr. Avec elle périrait la civilisation et périrait toute culture intellectuelle, morale et matérielle. Celle-là jouit d'une immortalité empruntée que lui valurent la volonté de son divin frère et l'intérêt suprême de l'humanité. Elle connaît les éclipses, puisqu'elle passe six mois de l'année, cinquante années par siècle, dans les enfers. Périodes d'effacement les années 1866 à 1878, 1880 à 1908 ; périodes de splendeur les dix lustres qui suivirent les tractations de Vienne et le proconsulat du comte d'Æhrenthal. Le comte Berchtold et M. von Bethmann-Hollweg la conduisirent vers les sommets vosgiens, dans les bassins de la Meuse et de la Sambre, de l'Oise, de la Marne, de l'Aisne et dans les basses plaines flamandes pour combattre les Latins, accompagnés d'un ramassis informe d'Anglo-Saxons, d'Arabes, de Kabyles, d'Indiens et de nègres ; ils la jetèrent aussi dans les marécages polonais et galiciens où ravageaient des nuées de Russes et de Cosaques. Les frères de la mythologie combattaient pour le dictateur Posthumius, les frères du vingtième siècle combattent pour deux dictateurs : le parallélisme se poursuit. Ceux-là luttaient pour la liberté contre Tarquin, ceux-ci luttent contre la liberté pour les Tarquins : le parallélisme disparaît.

Signalons une autre différence. Castor et Pollux s'aimaient d'amour tendre parce qu'ils étaient nés en même temps de la belle Léda. L'amitié austro-allemande a des origines moins mystérieuses. Du creuset monstrueux où ils jetèrent l'Europe pantelante, les diplomates du congrès de Vienne tirèrent une Allemagne informe qu'ils appelèrent Confédération germanique, perpétuant ainsi l'odieux souvenir du saint Empire de race germanique. Le souverain d'Autriche-Hongrie y régnait en maître ; le Hohenzollern de Prusse était son « brillant second ». Survint un hobereau brutal, Otto de Bismarck, Prussien dans l'âme, austrophobe par tempérament. Bismarck brille à la Diète de Francfort, puis, en 1847, au Landtag de Prusse. En 1851 il devient plénipotentiaire prussien à la Diète. Cinq ans plus tard, le 26 avril 1856 il sait et annonce à son ami Manteuffel « que l'Allemagne est trop étroite pour contenir à la fois la Prusse et l'Autriche..., que nous serons forcés de défendre notre existence nationale contre l'Autriche et que le cours naturel des choses pousse vers ce dénouement ». La guérison *ferro et igni*, fréquente dans l'histoire de la Prusse, s'impose.

Le 23 septembre 1862, Bismarck est appelé à la présidence du Conseil prussien ; il arme et attend. Il se fait ensuite la main dans cette honteuse campagne des duchés qui amène une première alliance austro-prussienne. La France laissa faire en maugréant, la Grande-Bretagne oublia volontairement les protocoles de Londres, la Russie protesta faiblement, l'Autriche-Hongrie fut dupée : ce fut la fin lamentable des premières accordailles.

Le 28 février 1866, le roi Guillaume de Prusse annonça à ses ministres « que, après s'être dans de longues prières consulté avec son Dieu, il a cru reconnaître l'inspiration divine dans les conseils que lui donnent les hommes qui entourent son trône ». Pollux se souvient de ses hautes origines. Déjà le « bon vieux Dieu » conseille le grand-père avant de conseiller le petit-fils. « Les hommes qui entouraient le trône » voulaient chasser l'Autriche-Hongrie de l'Allemagne. Le 7 juin 1866, les troupes prussiennes occupent le Hanovre, allié de François-Joseph ; le 3 juillet, moins d'un mois plus tard, l'Autriche-Hongrie succombe à Sadowa ; les préliminaires de Nikolsbourg (26 juillet) et le traité de Prague (23 août) documentèrent sa déchéance. Elle quitta, sans esprit de retour, l'Italie et l'Allemagne et paya une modique indemnité de guerre. La Prusse annexa les duchés de l'Elbe, le royaume de Hanovre, la Hesse électorale, le duché de Nassau et la ville libre de Francfort. C'était le droit du plus fort, et la force lui appartenait. Bismarck n'osa l'affirmer comme l'affirmeront un demi-siècle plus tard ses successeurs. « Les nécessités de la politique, dit-il au Landtag, ont empêché la Prusse de rendre aux princes alliés de l'Autriche les territoires conquis par l'armée. » « Les nécessités de la politique ! » Le terme est vague et autorise toutes les interprétations ; on lui découvrira plus tard de séduisants synonymes : intérêts vitaux, droits supérieurs de la culture allemande et d'autres encore. Chez les brigands bien nés, le vol est une reprise.

Au moment de partir pour la guerre, le roi Guillaume avait dit à un diplomate : « Nous nous faisons la guerre maintenant, mais soyez sans crainte, nous nous réconcilierons plus tard pour faire une guerre en commun. » Voilà pourquoi Bismarck n'abusa pas de sa victoire. Le succès de la guerre en commun, la guerre contre la France, était subordonné sinon à l'alliance formelle, du moins à la neutralité bienveillante de l'Autriche. Dès le lendemain du traité de Prague, violé avant sa signature par l'entente de la Prusse avec les Etats du Sud, Bismarck commença les travaux d'approche. Il s'aperçut que la blessure de 1866 se cicatrisait lentement. Chez les hommes d'âge mûr — et François-Joseph avait déjà trente-six ans lors de sa dernière mutilation — les blessures guérissent moins vite que chez les adolescents. Avec dédain, presque avec hostilité, l'empereur autrichien assista à la marche en avant de son vainqueur ; son ressentiment eût dégénéré sans doute en rébellion ouverte si les Russes n'avaient inquiété ses frontières de l'Est et si les victoires prussiennes avaient été moins foudroyantes.

Même chez les peuplades barbares, la douleur est sacrée et on respecte le souvenir des infortunes. Bismarck et son impérial maître partagèrent ce noble sentiment et pardonnèrent l'offense parce qu'ainsi le voulaient les intérêts prussiens. De Versailles, capitale, par droit de conquête, de la Prusse, et berceau de l'Empire partirent des notes habiles pour adoucir le vaincu de 1866. Rien n'y fit. On recourut aux services bénévoles du prince Luitpold, le futur régent de Bavière, qui se trouvait aux camps et était bien en cour à Vienne. Bismarck rêvait d'une alliance des trois empereurs d'Allemagne, d'Autriche et de Russie qui, calquée sur le modèle de la Sainte-Alliance, aurait barré le chemin à la République française et aux républiques subalternes dont on redoutait la naissance. François-Joseph et le chancelier de Beust étaient convertis à la politique réaliste. « Que m'offrez-vous ? Quels avantages me procurent ces conventions nouvelles ? » Comme l'Allemagne nouvelle restait muette, l'opinion publique austro-hongroise répondit : « Un exemplaire magnifiquement relié du traité de Prague. »

La Commune vint rapprocher les adversaires de Sadowa. Les entrevues se multiplièrent. Un accord s'estompa: Abstention à Rome et en France ; lutte commune contre le socialisme déjà redoutable ; garantie de l'Autriche contre l'agression russe. Le 12 octobre 1871, l'empereur Guillaume put annoncer la bonne nouvelle au Parlement : « Le peuple allemand est sincèrement satisfait de voir ses rapports avec l'Autriche débarrassés de toute perturbation par le souvenir de luttes qui étaient l'héritage fâcheux d'un passé de mille ans (1).

En septembre 1872, François-Joseph vint faire visite à Berlin à son impérial cousin ; inopinément survint l'empereur Alexandre II qui se mêla à leurs épanchements et tranquillisa l'Autriche dans ces turbulentes régions orientales où, chassée pour toujours d'Allemagne et d'Italie, elle dirigeait ses ambitions. L'entente des Trois Empereurs était née ; elle s'affermit ensuite par des visites innombrables. On attribua à des sympathies profondes ce qui n'était que le résultat d'intérêts artificiellement juxtaposés.

Une première fissure s'y produisit en 1875 quand, sous des prétextes imaginaires, l'Allemagne voulut écraser la France renaissante et ajouter à l'Alsace et à la Lorraine quelques nouvelles provinces. La Russie fit entendre des paroles sévères et quelques menaces. L'Angleterre ne retomba pas dans l'erreur commise en 1870 ; la reine Victoria adressa une supplique touchante au beau-père de sa fille ; lord Derby, plus crûment, montra les cheminées fumantes de ses cuirassés et revendiqua pour la République française le droit à l'existence. L'Allemagne recula. « On a voulu

---

(1) Cité par Edouard Simon, *L'Empereur Guillaume et son règne*, Paris, 4° édition, 1887, page 115.

nous brouiller », dit, le 10 mai 1875, l'empereur Guillaume à l'attaché militaire français. Il aurait dû dire : « On ne m'a pas permis de vous écraser », si en politique la vérité avait quelque droit.

Bismarck tut son ressentiment contre le prince Gortschakoff qui s'en soucia fort peu et contre le cabinet anglais qui ne s'en soucia pas du tout. Le Teuton est tenace. La Russie fut punie en 1878. Au congrès de Berlin, elle fut détroussée de la majeure partie des prises réalisées pendant la guerre russo-turque que l'Allemagne n'avait ni pu, ni voulu empêcher. L'Autriche-Hongrie reçut un pourboire royal : la Bosnie et l'Herzégovine. Avant de songer à son prochain, on songe à soi-même et aux siens : Frédéric II avait pratiqué et enseigné cette peu charitable maxime qui passa dans l'évangile politique de ses successeurs.

« Ne me forcez pas à choisir entre vous et l'Autriche », avait dit Bismarck au prince Gortschakoff, son ennemi intime. Le chancelier russe l'y força : l'Autriche fut choisie. L'alliance austro-allemande, héritière présomptive de l'entente des Trois Empereurs, était conçue ; sa pénible gestation devait se prolonger exactement pendant un an et trois mois. Les généraux russes parlaient trop ; le chancelier Gortschakoff devint félon. Villégiaturant à Baden-Baden, il osa parler d'une alliance possible de la Russie et de la France pour attaquer l'Allemagne. Lubie sénile d'un cerveau autrefois puissant qui aspirait au repos ! Bismarck le pensa ; mais l'idée était lancée. Et il en est des idées politiques, si saugrenues qu'elles paraissent, comme de la calomnie...

Le comte Andrassy, qui remplaça au Ballplatz le comte de Beust, admirait Bismarck. A Gastein, en août 1879, les deux ministres élaborèrent l'alliance qui allait devenir pendant trente-cinq ans le pivot de la politique européenne.

Ni l'un ni l'autre n'oublièrent les intérêts spéciaux dont ils avaient la charge. Bismarck aurait souhaité que l'entente prévît non seulement le cas d'une attaque russe, mais encore celui d'une agression française. L'intérêt austro-hongrois n'allait pas si loin. « L'appui de l'Autriche contre la Russie, écrivit plus tard Bismarck dans ses *Pensées et Souvenirs*, est pour nous plus facile à obtenir que contre la France, maintenant que les frottements de ces deux puissances, dans cette Italie qu'elles courtisaient toutes deux, n'existent plus sous leur ancienne forme. » Et il ajouta cette constatation historique : « Nous parvînmes facilement à nous entendre sur la question d'une alliance permanente contre une attaque de la Russie dirigée contre l'une ou l'autre des deux parties contractantes : ma proposition d'étendre notre alliance à des attaques d'autres puissances que la

Russie ne trouva pas un accueil favorable auprès du comte. » C'était une association à responsabilité limitée et non pas une société en nom collectif.

L'empereur Guillaume manqua d'enthousiasme ; il aimait la Russie et son empereur et redoutait les effets probables du mariage austro-hongrois. A l'empereur Alexandre II qu'il alla saluer à Alexandrowo, il confessa ses hésitations et ses scrupules. Bismarck le plaça devant un fait accompli : il l'informa de la signature déjà donnée de l'empereur François-Joseph et offrit sa démission, geste familier dont il devait abuser ensuite dans toutes les grandes circonstances. Le souverain se rendit à merci ; il amenda l'acte d'alliance, en exigea la communication immédiate à la chancellerie de Saint-Pétersbourg et le signa le 15 octobre 1879. L'acte porte la date du 7 octobre 1879.

La cour de Russie cacha son émotion. L'homme fort ne se lamente pas sur le fait accompli qu'il ne peut changer ; il analyse les résultats nuisibles pour lui pour s'en garantir et les résultats propices pour en tirer éventuellement profit. L'alliance des deux frères allemands était purement défensive. Comme la Russie n'avait aucune intention agressive, le *casus fœderis* risquait de ne se produire jamais. L'émoi des éléments turbulents que ne pouvait atteindre une répression strictement nationale commandait le rapprochement avec l'Allemagne. Alexandre II tomba le 13 mars 1881 sous les bombes des nihilistes. Neuf jours plus tard, l'empereur Guillaume s'écria : « Du nouvel empereur, la vieille fidélité et la vieille amitié, voilà qui fait du bien. » Le 9 avril 1882, le prince Gortschakoff prit ses quartiers de vieillesse et de repos. Bismarck et Andrassy étaient maîtres du terrain pendant que M. de Giers faisait son difficile apprentissage.

Un nouveau candidat attendait son admission dans l'alliance. Francesco Crispi était mécontent de la France qui, sans sa permission, s'était installée en Tunisie et dont les fils restés religieux n'avaient pas oublié la Rome papale ; il n'était pas plus satisfait de la politique de l'Angleterre qui l'avait très mollement soutenu au congrès de Berlin et s'était emparée de l'Egypte. Sa mémoire avait des éclipses ; de même sa reconnaissance. Il savait que la Prusse lui avait procuré la Vénétie, bien que la flotte de l'Italie eût été vaincue à Lissa et son armée à Custozza. Il ne savait plus que Napoléon III avait eu pour son pays une affection aussi aveugle que féconde et lui avait offert la Lombardie. Les traités de Villafranca et de Zurich étaient bien vieux ; ils rentraient dans l'histoire ancienne que l'homme du monde peut ignorer, que le diplomate doit ignorer quand l'intérêt national vrai ou apparent l'exige.

L'Italie redoutait, ou faisait semblant de redouter la France dont en 1870 elle avait mal récompensé les bontés. Elle redoutait, mais ne faisait pas semblant de redouter l'Autriche-Hongrie, chez qui la mutilation de Prague avait fait naître quelques ressentiments. Sa pacification intérieure et son expansion au dehors dépendaient de la bonne volonté de l'Allemagne et de la tolérante neutralité de l'Autriche. L'intérêt allemand cadrait avec l'intérêt italien. Bismarck crut utile de se prémunir contre la France, comme il s'était prémuni contre la Russie et contre l'Autriche. Deux garanties valent mieux qu'une. Le prestige d'un groupement politique, même purement défensif, est en raison directe du nombre des armées dont il dispose. L'Allemagne en devait être la principale bénéficiaire et, en raison de ses forces prépondérantes, l'unique porte-parole.

La demande du ministre de Victor-Emmanuel fut agréée. L'alliance italo-allemande fut signée le 20 mai 1882 ; elle garantit les possessions des deux alliées contre toute attaque française. Par une voie détournée, Bismarck parvint aux fins qui avaient déplu au comte Andrassy. Conclue d'abord pour une période de cinq ans, l'alliance fut renouvelée en 1887, puis pour douze ans en 1891 et en 1902 ; sa dernière prorogation fut rendue publique dans les premiers jours de décembre 1912. Un accord spécial austro-italien compléta le réseau d'alliances défensives qui sont connues sous la dénomination quelque peu inexacte de Triple-Alliance ou *Dreibund*.

La Russie n'y entra pas, sans doute parce que cela ne lui convenait pas et qu'on ne l'en a pas priée. Bismarck signa avec elle un curieux pacte de contre-assurance qui la garantit contre toute attaque austro-hongroise. Il avait des conceptions politiques singulières qui, aux yeux du vulgaire, frisent la déloyauté.

Ainsi se survécut, sous une forme hétéroclite, l'entente des Trois Empereurs que le congrès de Berlin paraissait avoir à jamais brisée. Redoutable par les forces innombrables dont elle dispose et admirée pour ses tendances pacifiques, elle domine la politique de l'Europe. Elle peut ce qu'elle veut ; elle souhaiterait que les autres ne pussent que ce qu'elle tolère. Le maintien du *statu quo* — et *statu quo* signifiait traité de Francfort pour l'Allemagne, traité de Londres pour la Russie, traité de Berlin pour l'Autriche-Hongrie — et un partage équitable d'intérêts dans les Balkans : tel était le double but qu'elle avouait. Accessoirement elle luttait contre les libéraux, les socialistes, les nihilistes et autres partisans de la violence.

La défensive lui convenait. L'esprit de conquête sommeille dans le cœur des repus dont la sagesse calme les inutiles ambitions ; les trois empereurs digéraient leurs conquêtes récentes. Qui aurait-on attaqué ? La France ? L'intérêt russe s'y opposait ; l'Autriche-Hongrie n'y voyait aucun profit direct ; la Grande-Bretagne n'était pas une quantité absolument négligeable. Et la nouvelle armée française inspirait le respect. La Turquie ? On l'avait saignée à blanc en 1878 ; il fallait la laisser reprendre de l'embonpoint. Avec une sollicitude égale, l'Autriche-Hongrie, la Russie et l'Allemagne elle-même suivaient le thermomètre de « l'homme malade ». Pourquoi, se demandaient les deux empires orientaux, parlerions-nous de ce qui nous divise, alors que tant d'intérêts communs nous unissent ? C'était la sagesse même. L'ombre de Salomon, qui fut un grand souverain, planait sur l'impérial aréopage. Déjà s'ébauchait la profonde et émouvante amitié qui devait lier Abdul-Hamid le Sanglant au petit-fils de l'empereur Guillaume. L'alliance du Turc, qui n'était pas *allianzfähig*, fut cependant rejetée. Autour de l'imposante « ligue de la paix » gravitaient les satellites de deuxième et de troisième ordre : l'Italie, admise dans le cénacle germanique, la Roumanie de Charles de Hohenzollern, la Serbie des Obrénovitch ; l'Espagne elle-même paraissait aspirer au prosélytisme de la porte.

On conviait l'univers, étonné, mais non subjugué, à admirer le vol des trois aigles enlacés. *Pax germanica* : l'empereur Guillaume — l'homme à qui tout a réussi — répétait ces paroles enchanteresses. Il était mauvais veneur. Les perdreaux s'envolent par compagnies ; les cigognes volent en longues rangées pour offrir moins de prise au vent ; sur nos monts africains, l'aigle solitaire décrit ses courbes concentriques. Trois aigles et un brelan de rois : la compagnie était trop nombreuse. L'entente portait en elle le ferment de la décomposition.

Similia similibus curantur : Bismarck appliquait ce principe homéopathique quand il tenta de concilier sous l'égide d'alliances défensives les intérêts contraires de l'Autriche et de la Russie. Tâche surhumaine qui dépassait les possibilités des diplomates les plus retors ! Don Quichotte, fort en muscles mais faible d'esprit, s'attaqua aux moulins à vent ; Bismarck dédaignait les vains mirages et faisait de la politique réaliste. Il recourut aux alliances défensives parce qu'il n'en pouvait conclure d'autres et qu'elles suffisaient à ses fins. Mélancoliquement, et non pas sans une ombre de regret, Daniel Frymann, un pangermaniste de bon teint, constate : « Il était devenu pacifique, l'auteur moral de trois guerres, et les pires excitations de la France et de la Russie ne purent lui faire abandonner son attitude strictement défensive... Il tenait, après les formidables secousses de trois guerres victorieuses, à tranquilliser ses voisins méfiants et à s'assurer des loisirs pour parfaire son œuvre (1). » Cette paix nécessaire devait rehausser et non pas abaisser le prestige de l'empire. Bismarck, Guillaume Ier et l'opinion publique allemande avaient l'épiderme sensible. Opportunément, « quand le Reichstag discutait des questions de politique extérieure, le langage fier et franc de Bismarck rappela le lion (2) ».

Pour empêcher Autrichiens et Russes, Autrichiens et Italiens d'en venir aux mains, on en fit des alliés indirects. Machiavel n'aurait pas mieux trouvé. L'idée était ingénieuse, mais difficile à appliquer. Le singulier ménage à quatre n'était pas encore « dans ses meubles » que déjà la brouille le désunit. L'étincelle partit de l'Orient balkanique où les puissances du congrès de Berlin n'avaient pu entièrement éteindre le feu.

Des Bulgares, émancipés par le traité de San-Stefano du Danube jusqu'à la mer Egée, le traité de Berlin avait fait trois tronçons : « Les Bulgares *diminués* de la Bulgarie séparée, les Bulgares *excités* de la Bulgarie autonome, les Bulgares

---

(1) *Wenn ich der Kaiser war*, Dieterich, Leipzig, 1913, 1re édition, pages 6-7.
(2) Frymann, Op. cit., page 7.

exaspérés de la Bulgarie turque. » C'était, ajoute M. Hanotaux (1), « une conception de diplomates, admirable sur le papier, mais, au vrai, absurde, irréalisable, inviable. » Nulle force humaine ne pouvait empêcher la Bulgarie séparée et la Bulgarie autonome (Roumélie orientale) de se rejoindre et, aussitôt leur réunion scellée, de s'intéresser à leurs frères perdus.

Dès son berceau, la principauté de Bulgarie se brouilla avec Saint-Pétersbourg ; elle rejeta comme trop réactionnaire le projet de constitution élaboré dans la capitale russe. On offrit le trône de Sofia à Alexandre de Battenberg, neveu de la tsarine. Avant d'accepter, celui-ci consulta les signataires du traité de Berlin. Bismarck lui donna ce conseil de sagesse : « Acceptez, ce sera toujours pour vous un agréable souvenir d'avoir été prince de Bulgarie. » Il est douteux que le triste Guillaume de Wied ait été aussi bien conseillé avant son départ pour Durazzo.

Le séjour d'Alexandre de Battenberg à Sofia fut un long calvaire. Au début, l'influence russe fut prépondérante ; des Russes géraient les départements de la guerre et de la marine et commandaient aux armées. On s'aperçut bientôt qu'une nation puissante ne peut toujours tenir par la

---

(1) Op. cit., page 492.

reconnaissance et traiter en frères cadets les peuples faibles qu'elle a affranchis par bonté. Alexandre de Battenberg subit la mystérieuse attirance du pouvoir ; cessant d'être Russe, il devint Bulgare ; sa conversion déplut à Saint-Pétersbourg, mais plut à Sofia. Les Russes durent quitter la jeune capitale. Ils continuaient à régner en maîtres en Roumélie orientale où le gouverneur Chrestovitch et le consul russe de Philippopoli exerçaient tous les pouvoirs.

Le château de cartes péniblement dressé à Berlin s'effondra en septembre 1885. D'accord avec leurs frères de la principauté, les Bulgares de la Roumélie orientale chassèrent les autorités russes et proclamèrent leur réunion avec Sofia. La Sublime Porte ratifia ce qu'elle ne pouvait empêcher et, pour sauver la face, fit du prince de Bulgarie le gouverneur à vie de la Roumélie orientale. La Russie protesta ; l'Angleterre approuva ; l'Europe resta indifférente.

Depuis 1868 la Serbie était en fait, sinon en droit, la vassale de l'Autriche. Milan, prince de Serbie avant de ceindre la couronne royale (1882), n'était qu'un jouet entre les mains expertes des maîtres du Ballplatz. Une double chaîne entravait ses mouvements : la chaîne honteuse qu'avaient forgée ses vices qui étaient innombrables, et la chaîne économique qui rivait les exportateurs serbes aux marchés autrichien et hongrois. Le lamentable roi refusa de reconnaître l'agrandissement de sa voisine et, comme ses réclamations restèrent vaines, il partit en guerre ; il y trouva des déceptions. La victoire rallia les étendards bulgares ; elle ne put consolider le trône chancelant du prince. Comme, après le romanesque enlèvement de septembre 1886, Alexandre de Battenberg commit quelques imprudences, sa retraite s'imposa. Pour se consoler, il rêva d'une union avec une noble princesse de la cour de Berlin ; son rêve s'évanouit ; une dame de théâtre le prit en pitié. Jusqu'au bout, l'opinion libérale en Allemagne et l'opinion publique en Autriche-Hongrie l'avaient soutenu. Saint-Pétersbourg triompha. Par des prodiges d'adresse, Bismarck avait su se maintenir en équilibre entre ses deux alliés. « Le chancelier était mal à son aise entre l'Autriche, l'alliée particulière de l'Allemagne, et la Russie, qu'il tenait à ménager, de peur de voir s'opérer ce rapprochement avec la France qu'il mettait tant de soins et d'art à empêcher depuis quinze ans. Ses organes, dans la presse, faisaient des efforts incessants pour apaiser Vienne sans mécontenter Saint-Pétersbourg, pour calmer le tsar sans irriter l'empereur François-Joseph (1). »

---

(1) Edouard Simon, *Histoire du prince de Bismarck*, Paris, 1887, page 161.

Bismarck connaissait la fable de La Fontaine qu'on lui avait apprise lors de son long séjour à Paris ; il sut contenter tout le monde. Son affection pour la Russie l'emporta sur ses devoirs d'allié de l'Autriche. Il lâcha Alexandre de Battenberg ; il le fit avec une telle habileté qu'il ne suscita pas de cuisants ressentiments à Vienne.

Il était également difficile de concilier les fatales divergences entre l'Autriche et l'Italie. L'*Italia irredenta* troubla plus souvent les nuits de l'empereur François-Joseph que tous ses deuils. Volontiers le malheureux souverain eût, à l'instar de l'oiseau craintif, caché sa tête sous ses ailes pour ne pas apercevoir les cruelles manifestations italophiles. La question italienne ne constituait pas seulement une menace permanente contre l'intégrité territoriale de la monarchie ; de sa solution dépendait le redoutable accès à l'Adriatique qui était pour l'Autriche, comme il l'est devenu pour la Serbie, une affaire d'intérêt vital. De même qu'il avait sacrifié Alexandre de Battenberg pour plaire à la Russie, Bismarck sacrifia un million de sujets austro-hongrois, Italiens de race et de langue, pour consolider sa situation à Vienne. La Russie était plus forte que l'Autriche, l'Autriche était plus forte que l'Italie : là est le secret de cette politique un peu décousue. La parole donnée cimente théoriquement, la force cimente pratiquement les alliances.

Bismarck les appréciait sainement, d'après les principes essentiels du droit des gens. Comme il s'en expliqua en janvier 1887 au Reichstag, l'alliance austro-allemande n'implique aucune sujétion. Si les deux alliées ont des intérêts communs, chacune d'elles a des intérêts particuliers qu'il lui appartient d'envisager à sa façon et de promouvoir à son gré. L'Autriche-Hongrie n'a pas à s'immiscer dans les querelles de l'Allemagne avec la France ; l'Allemagne n'a pas à risquer une guerre formidable avec la Russie pour défendre les intérêts que son associée possède ou croit posséder dans les Balkans.

Cette sage conception des droits et des devoirs de l'alliance ne survécut pas à son auteur. Le sombre sarcophage du Sachsenwald ne s'était pas encore ouvert pour recevoir les cendres du fondateur de l'Empire allemand que déjà ses successeurs avaient laissé tomber le contrat de contre-assurance germano-russe. Sans doute le comte de Caprivi et son impérial maître n'en comprenaient ni la très subtile légalité, ni la nécessité extrême. La Russie alla son chemin, choisissant librement la politique qui correspondait le mieux à ses intérêts vitaux. Désormais seule à seule avec l'Allemagne, l'Autriche-Hongrie cessa petit à petit

d'être l'égale de celle-ci et tomba au rang de vassale. L'union d'un Etat faible avec un Etat fort
comporte des risques ; avantageuse peut-être dans
ses effets immédiats, elle dégénère fatalement en
absorption. Pollux est-il bien coupable quand il
rappelle à Castor l'origine de sa demi-immorta-
lité ? Le parvenu riche fait beaucoup d'honneur
au parent pauvre quand il l'invite à sa table. Que
celui-ci n'attende aucune invitation les jours de
grand gala et n'aspire pas à une place d'honneur !

L'alliance austro-allemande doit servir les intérêts allemands ; elle servira les intérêts austro-
hongrois quand ceux-ci seront de nature à promouvoir les intérêts allemands. Ainsi la concevait
Bismarck qui, de temps à autre, laissa tomber
quelques miettes de sa table ; ainsi l'envisage surtout l'absolutisme de Guillaume II. Admirez, par
exemple, l'à-propos de ses diverses prorogations.
On la renouvela avec quelque ostentation en 1891
quand la Russie et la France rêvaient d'une union
plus intime et en préparaient les voies ; on la
renouvela encore en décembre 1912 quand l'Allemagne crut opportun d'opposer aux ambitions de
la Triple Entente qu'on croyait acquise aux
ennemis de l'Osmanli le bloc compact des intérêts
germaniques.

Deux considérations capitales justifient l'alliance austro-allemande et en assurent la durée :

la nécessité qui s'impose, dit-on, à l'Allemagne de se garantir au centre d'une Europe hostile à ses ambitions et la lutte contre le slavisme, ethnographiquement misérable, mais puissant par ses légions.

Dans ce style tortueux et alambiqué qui peint sa mentalité de fonctionnaire asservi et tranche avec la parole nerveuse du premier chancelier, M. de Bethmann-Hollweg décrit ainsi le besoin essentiel de la politique allemande : « Comme des intérêts vitaux austro-hongrois étaient en jeu, nous ne pouvions ni recommander à notre alliée une condescendance contraire à son honneur, ni lui refuser notre concours dans des heures difficiles. » C'est l'intérêt austro-hongrois et c'est le devoir d'allié. En voici la justification tirée de l'intérêt allemand : « Nous le pouvions d'autant moins que la progressante agitation panserbe menaçait très sérieusement nos propres intérêts. Si les Serbes, secondés par la Russie et par la France, pouvaient continuer leurs menaces contre l'existence de l'Autriche-Hongrie, celle-ci s'effondrerait progressivement et tous les Slaves finiraient par être réunis sous le sceptre russe : la situation de la race teutonne dans l'Europe centrale deviendrait intenable. Une Autriche moralement affaiblie et menacée de succomber sous la poussée du panslavisme russe, ne serait plus une alliée sur laquelle nous puissions compter et dans laquelle nous puissions avoir cette confiance que l'attitude de jour en jour plus dangereuse de nos voisins de l'est et de l'ouest rend nécessaire (1). »

Signalons en passant la fugitive allusion à la race teutonne. Le panslavisme, produit du nationalisme slave, doit s'incliner devant les nécessités de la race teutonne. Vérité en deçà, erreur au delà de la Vistule. La Bible rapporte l'incident des onze gerbes fraternelles qui s'inclinèrent devant la gerbe de Joseph. Nous ne sachions pas que jamais le principe racial ait joué le moindre rôle dans l'unification des diverses tribus allemandes, française, danoise et polonaise sous l'hégémonie de la Prusse. La force a uni ce que le principe des nationalités aurait désagrégé. Au service du militarisme prussien qui l'abhorre, ce principe peut devenir une arme contre l'Autriche. La monarchie n'est-elle pas la seule nation européenne qui manque d'assises nationales ? « L'Empire austro-hongrois, écrit un savant historien anglais, M. Ramsey Muir (2), est un faisceau de nations et de fragments de nations qu'ont uni dans le passé les heureux mariages ou les conquêtes des princes de Habsbourg et que maintient

---

(1) Livre blanc allemand, Introduction.

(2) *The National Principle and the War, Oxford Pamphlets*, 1914, page 13.

ensemble la crainte des conséquences de sa désagrégation. »

Une douzaine de millions d'Allemands vivent
et s'agitent sur le territoire autrichien. Leur domination est exclusive dans les provinces de la vieille
Autriche, prédominante au Tyrol où elle est aux
prises avec les Italiens et les Latins des régions
méridionales, battue en brèche en Bohême. L'Allemagne n'oublie pas ses frères émigrés. Passons
sur les rodomontades des Schoenerer, des Wolf
et autres exaltés qui ne tirent pas à conséquence.
Le chauvinisme n'a pas de frontières. Un distingué professeur écrivit, il y a dix ans, ces lignes
rassurantes : « Le pangermanisme intérieur n'existe
pas... Les Allemands d'Autriche, en réalité, lou-
chent vers Berlin, comme les Slaves vers Saint-
Pétersbourg, pour taquiner le gouvernement autrichien ou pour l'avertir de ne pas aller plus loin.
Mais le vrai pangermanisme n'existe pas chez eux.
Existe-t-il davantage comme pangermanisme extérieur ? M. Fort, délégué tchèque, a déclaré à
la dernière délégation autrichienne (27 mai 1904)
que le péril pangermaniste est un fantôme (1). »

Vraie sans doute au moment où elle a été expri-
mée, cette opinion a été infirmée par les faits. Le

____

(1) Louis Eisenmann, *Le Compromis austro-hongrois de* 1867,
cité par Gabriel-Louis Jaray, *Les Questions actuelles de politique étrangère en Europe*, Paris, 1907, page 101.

pangermanisme intérieur a accru ses forces et accentué son action. Le pangermanisme extérieur est devenu le principal mobile de la politique de l'empire allemand. Quand des réformes d'ordre constitutionnel ou législatif vinrent menacer la prépondérance de l'élément allemand sur un point quelconque du territoire de la monarchie, toute l'Allemagne protesta aussitôt contre l'attentat sacrilège des « nationalités inférieures ». Les « nationalités inférieures » sont toutes les nationalités non allemandes. « L'Allemand devient plus allemand, le germanisme lui est plus cher ; il glorifie tout ce qui est allemand, il vibre au son de toutes les victoires allemandes, il vénère tous les grands hommes de sa race ; dans la culture allemande, il met en lumière tout ce qui est le commun patrimoine de tous les Allemands, il rejette dans l'ombre tout ce qui différencie les divers milieux allemands, leur culture, leur esprit, leur tendance, leur histoire. Le sentiment plus ou moins vif de la solidarité allemande, de la solidarité intellectuelle, linguistique, pour tout dire et employer leur mot favori, « culturelle », naît et grandit (1). » Et l'Allemand d'Autriche, retenu par le fil ténu d'un scrupule dynastique, se demande « s'il ne vaut pas mieux être le second dans une associa-

____

(1) Gabriel-Louis Jaray, Op. cit., page 112.

tion forte et fraternelle que d'être le premier dans une association affaiblie et divisée ».

A ses yeux, les rares concessions accordées aux nationalités slave, croate, slovène, roumaine, tchèque, sont autant d'injures personnelles. Le condominium d'une langue inférieure qu'il dédaigne et refuse d'apprendre devient intolérable. Ce dédain ajoute à la défaite politique une grave infériorité économique. Il se traduit aussitôt dans le domaine des faits par des réalisations redoutables. Le *Los von Rom* qui inquiéta jadis les princes-évêques était synonyme du *Los von Oesterreich* des pangermanistes. Prêt à invoquer Dieu à tout moment, même pour assurer le succès d'un brigandage vulgaire, l'Allemand de bonne teinte fait passer la grande patrie avant la religion.

Inconsciemment sans doute, le parti populiste ou *Deutsche Volkspartei* se fait le pourvoyeur du pangermanisme quand il inscrit sur son programme le projet d'union douanière austro-allemande, conséquence logique de l'alliance et condition préliminaire d'une union définitive. De bons esprits se rallient à cette politique. La Monarchie tirerait des avantages considérables du rapprochement industriel et commercial des deux empires. Oublie-t-on que les unions douanières sont perpétuelles par leur nature et par la force même des liens qu'elles engendrent ? Lorsque le Ballplatz voulut imposer à la Serbie une union douanière, il envisageait d'autres intérêts que les intérêts économiques. Une ample moisson de dinars devait être la rançon de l'indépendance de la Serbie. Dans l'union douanière austro-allemande, l'Autriche jouerait le rôle qu'aurait joué la Serbie dans l'accord austro-serbe ; de part et d'autre, la disproportion des forces et des résistances est à peu près égale.

Lourdement le pangermanisme extérieur présente ses revendications et formule ses conditions.

Admirez, tout d'abord, ce tableau d'ensemble, peu flatteur pour l'amour-propre de l'allié danubien :

L'observateur allemand ne voit généralement que les ombres de cette monstruosité politique, anormale dans son ensemble, stupéfiante dans ses membres. Les deux parties de l'empire se haïssent comme elles haïssent le feu de l'enfer, et l'empereur-roi a l'agréable mission de les satisfaire toutes deux. Les querelles des nationalités minent la partie cisleithane, paralysent l'administration, compromettent gravement la vie économique. La puissance de la juiverie, exclue, en apparence seulement, de la vie politique en Autriche, dépasse toute mesure et a engendré une corruption chaque jour croissante. Les administrations supérieures sacrifient les intérêts et l'autorité de l'Etat pour se maintenir sur l'eau. Bref, c'est l'image d'un désordre incroyable (1).

---

(1) Daniel Frymann, Op. cit., p. 158 et ss. Nous empruntons la traduction de ces passages au journal *L'Information*, numéro du 20 novembre 1914.

En dépit de ces apparences, la Monarchie conserve une imposante puissance militaire ; elle reste, et doit rester, l'alliée de l'Empire allemand :

Cette monstruosité de droit public réussit à être autre chose politiquement et par sa puissance, et autre chose au point de vue constitutionnel. Carcasse naufragée en politique interne, l'Autriche-Hongrie est, en politique extérieure, un beau navire de guerre dont l'armement n'est ni aussi moderne, ni aussi parfait qu'il pourrait l'être, mais qui peut être utilisé au combat... L'armée ne pourra rester à la longue un facteur de puissance si la désagrégation intérieure fait de nouveaux progrès ; bientôt la haine raciale ne s'arrêtera plus devant les quartiers des casernes et s'attaquera à la discipline ; on dit que déjà cela est commencé.

L'alliance avec l'Autriche-Hongrie ne nous est utile que si l'armée austro-hongroise est forte et puissante. Elle ne présente plus aucun intérêt si, à la suite de la désagrégation croissante de l'Etat, l'armée faiblit à son tour. Le souci de notre propre sécurité pourrait même nous imposer des mesures incompatibles avec l'inviolabilité extérieure de l'Etat malade.

L'alliance austro-allemande est obligatoire pour l'Autriche, facultative pour l'Allemagne. Le droit international ignorait jusqu'à ce jour cette *capitis diminutio* d'un Etat souverain. Si, contrairement à l'enseignement intéressé des maîtres de la science teutonne, la neutralité même permanente ne porte aucune atteinte à l'indépendance des Etats, il est difficile d'en dire autant de la sujétion politique imposée à l'Autriche par sa voisine. Même par la force, l'Autriche sera maintenue dans l'alliance. Comme celle-ci, d'autre part, est subordonnée au maintien d'une armée nombreuse et efficace, l'Allemagne doit avoir ses libres entrées dans les casernes, les arsenaux et les citadelles de la Monarchie.

Le fer et le feu, les deux agents jumeaux de l'unification de l'Allemagne sous l'hégémonie de la Prusse, interviendront pour assainir l'organisme décrépit de la monarchie dualiste. La dictature militaire constituera une phase de transition :

Celui qui estime que la situation austro-hongroise — les rapports mutuels des deux parties de la monarchie aussi bien que les désordres intérieurs de chacune d'elles — peut être amendée par des moyens parlementaires ou constitutionnels manque de clairvoyance politique ou s'abuse lui-même. Qui veut sauver cet Etat doit reconnaître que, seule, la dictature peut apporter le remède.

Le dictateur peut compter sur le concours des armées allemandes. Il devra prendre certains engagements assurant la prépondérance de la langue et des nationalités allemandes. Le régime électoral sera censitaire, calqué sans doute sur l'horrible système des classes du Landtag prussien.

L'empereur promettra que la langue allemande deviendra la langue officielle de l'empire, que les Allemands, même là où ils seront en minorité, ne pourront, eux, le Peuple d'Etat, tomber nulle part sous la coupe d'une majorité contraire..... Leur caractère de « Peuple d'Etat » paraîtra aussi dans le fait qu'ils fourniront les fonctionnaires et les officiers.

Au grand banquet de la vie il n'y a pas de place pour les Tchèques, les Slaves, les Italiens et autres représentants des « nationalités inférieures ». Celles-ci, sans doute, ne s'inclineront pas de leur plein gré devant ce servage ; uhlans et grenadiers auront vite fait de leur donner la nécessaire souplesse d'échine. Ce sera le régime de la force brutale. Quelle différence y aura-t-il entre l'Autriche ainsi germanisée et l'Allemagne, patrie du germanisme ? Nous n'en voyons qu'une : un représentant de l'antique maison des Habsbourg y règnera au nom et avec la permission de l'empereur allemand.

Et cette amitié pour la vie et pour la mort, dans le bonheur et dans l'adversité, garantira les Habsbourgs contre tous les ouragans et sauvera nos congénères de l'empire danubien.

Le pangermanisme a prévu l'impossible hypothèse où le lamentable vassal de Vienne s'insurgerait contre ce joug pesant : « *L'Etat des Habsbourg sera germanophile ou il ne sera pas.* » Opportunément on rappelle que, « parmi les intérêts que l'Empire allemand doit défendre à tout prix, même au risque d'une intervention, figure le chemin de l'Adria... » Complétons donc la sentence germaniste : « *L'Etat des Habsbourg sera vassal de l'Allemagne et il sera mutilé par elle, ou il ne sera pas.* »

Voilà à quoi aboutit une alliance de trente-cinq ans qui a fourni à l'Autriche-Hongrie quelques vagues satisfactions d'amour-propre, telle que cette malencontreuse annexion bosniaque de 1908, mais a compromis les attributs les plus essentiels de sa souveraineté. Un historien éminent, dont la modération est connue, en résume ainsi les leçons :

Depuis trente ans bientôt que l'Autriche-Hongrie était en effet la chose des Hohenzollern — et Guillaume II surtout avait fait de son Autriche l'instrument de ses propres desseins, la servante de ses intérêts personnels, dynastiques ou nationaux — il fallait être aveugle pour ne pas voir que tous les intérêts des communautés slaves, hongroises, roumaines, italiennes et même allemandes, qui composent la double monarchie, étaient sacrifiés aux exigences de Berlin ; la servilité de Vienne ne compromettait plus seulement la dignité du monarque et l'honneur de ses hommes d'Etat ; elle entravait le progrès et même la vie matérielle des peuples, de tous les peuples austro-hongrois (1).

Sans doute y eut-il de temps à autre quelques velléités de résistance et quelques sursauts d'indépendance ; même les corps anémiés tressaillent aux approches de l'agonie. Vers la fin de 1905, l'Autriche s'insurgea contre les projets de révoltante réaction de Guillaume II en Macédoine ; il semble bien aussi qu'à Algésiras le plénipoten-

---

(1) Victor Bérard, *La France et Guillaume II*, Paris, Colin, 2ᵉ édition, page 185.

tiaire austro-hongrois ait utilement travaillé pour la paix qu'abhorrait l'empereur allemand. La double monarchie ne put se livrer à ces valses extra-conjugales que le prince de Bulow permit à l'Italie parce qu'il ne les pouvait empêcher.

A une pareille alliée, on dicte des ordres ; on ne subit pas sa volonté. Quand l'homme d'Etat haut de taille mais court d'intelligence, grand par sa servilité mais pauvre en imagination, qui remplace à la Wilhelmstrasse le géant du Brandebourg, vint nous dire qu'en juillet 1914 l'Allemagne a suivi, même au risque d'une guerre avec la Russie, l'Autriche-Hongrie, il abusa par trop de la crédulité humaine. Ces contre-vérités peuvent produire de l'effet sur les *junkers* et sur les pangermanistes chez qui la volonté de croire supplée aux raisons de croire. Mais c'est en vain que les mille voix d'une presse servile et les gros ballots de propagande les répètent à tous les vents. La répétition, a dit Napoléon, est la meilleure figure de rhétorique. Un mensonge répété mille fois reste un mensonge.

CHAPITRE IV

L'ALLIANCE FRANCO-RUSSE ET L'ALLEMAGNE

SOMMAIRE. — L'amitié austro-russe avant 1889 : Le partage de la Pologne; les liens dynastiques; les Allemands des provinces baltiques. — L'avènement de Guillaume II : Ses collaborateurs; la *Weltpolitik*. — Les inquiétudes russes. — La situation en France : La période de recueillement; la période coloniale. — La conclusion de l'alliance. — L'accueil de l'alliance en Allemagne. — L'entente anglo-allemande; le rapprochement avec la France; la révision du traité de Simonoseki; Kiao-Tchéou.

De tout temps, la crainte de la Russie fut pour l'Allemagne le commencement de la sagesse. Bismarck, grand-maître ès-sciences diplomatiques et politiques, érigea en dogme ce vieux dicton empirique. Lorsque la création de l'Empire eut fait de l'Allemagne l'égale de la Russie et que les expressions « crainte », « peur » et autres semblables ne purent plus trouver place dans ses lexiques, on parla d'amitié russo-allemande. Amitié russo-allemande la Sainte-Alliance qui triompha de Napoléon et maintint l'union de l'Europe contre les revendications possibles de la France terrassée; amitié russo-allemande l'alliance des Trois Empereurs qui succéda à Sedan ; amitié russo-allemande l'entente tacite qui s'ajouta en 1879 à l'alliance austro-allemande et se manifesta par le curieux pacte de contre-assurance ; amitié russo-allemande l'accord fécond qui se maintint jusqu'à la démission involontaire de Bismarck en 1890.....

Un crime commun l'avait scellée : le triple partage de la Pologne. Et ce crime politique horrible portait en lui-même sa vengeance. Les nations sont immortelles et elles sont guérissables. Si le reître victorieux peut d'un trait de plume ou d'un coup d'épée les exclure de la société des Etats, des siècles sans nombre n'en peuvent achever le cadavre. Enfoui à la fin du xviiie siècle dans une triple bière, le cadavre polonais servit longtemps de pont macabre entre les trois copartageants.

« L'œuvre difficile du partage de la Pologne, a écrit le prince de Bulow dans sa *Politique allemande*, a sans doute pu occasionner des froissements passagers entre la Prusse et la Russie, mais non des antagonismes profonds. Ce sont précisément ces affaires de Pologne qui ont réuni souvent la Prusse et la Russie. Pour les deux Empires, il y a dans le danger polonais un avertissement de ne pas se brouiller, mais de considérer la défense commune contre les aspirations ambitieuses des Polonais comme un point sur lequel la Prusse et la Russie peuvent toujours se rencontrer. »

« Les aspirations ambitieuses des Polonais ! » Aspirations ambitieuses et aspirations nationales sont synonymes. L'ultimatum du 23 juillet 1914 punit les aspirations nationales, c'est-à-dire ambitieuses, de la Serbie.

Les trois fragments de la Pologne démembrée furent diversement traités. Si nous exceptons la petite période de paix relative qui coïncida avec le passage aux affaires du général de Caprivi, l'Allemagne maltraita toujours ses provinces polonaises; comme, entreprenants et féconds, les ilotes slaves résistaient à toute tentative d'absorption, on forgea de lourdes lois d'exception pour hâter leur expropriation et leur remplacement par des colons teutons. L'Autriche-Hongrie eût été à peu près juste envers ses ressortissants involontaires de Galicie, si les gouvernements de Budapest n'avaient de temps à autre stimulé son antislavisme ; maintes fois et non sans honneur, des hommes d'État d'origine polonaise — tels le comte Badeni et le comte Goluchowski — présidèrent aux destinées de la monarchie. Les Polonais de Russie souffrirent moins de l'intolérance de leurs maîtres que des rancunes des Allemands, bien en cour, et de l'intervention directe du gouvernement de Berlin.

Surtout dans ses jeunes années, Alexandre II prêtait volontiers l'oreille aux sollicitations de la pensée libérale. Il émancipa les paysans (1861), réglementa libéralement la charte du haut enseignement (1863), adoucit les peines corporelles infligées aux délinquants (1863), créa l'autonomie administrative des zemstvos (1864), réorganisa la justice (1864) et libéra la presse des plus cruelles entraves (1865). Sans doute eût-il amélioré le sort douloureux de ses sujets polonais, si son oncle de Prusse et Bismarck ne l'en avaient empêché. Le 8 février 1863, le général prussien von Alvensleben et le chancelier de Gortschakoff signèrent cette convention horrible qui permit aux troupes prussiennes de suivre jusqu'en territoire russe les insurgés polonais. Au bloc polonais luttant pour sa résurrection s'opposait le bloc russo-allemand. Cyniquement, Bismarck s'en vanta dans ses *Pensées et Souvenirs* :

« Au sein même du cabinet russe, la politique prussienne triompha de la politique polonaise. L'entente entre la Russie et le champion allemand de l'antipanslavisme (la Prusse) en vue d'une action militaire et politique contre le mouvement de fraternité polonaise mit fin à l'influence que les amis de la Pologne possédaient à la cour de Russie. »

C'est en vain que les puissances libérales de l'Occident, la France et l'Angleterre, avaient lutté pour la libération du malheureux peuple slave. La Russie se trouva rejetée pour longtemps dans l'orbite des puissances germaniques.

En 1896, lors de son premier voyage à Paris, Nicolas II confessa à M. Hanotaux « qu'il connaissait ses devoirs envers ses frères slaves ». Quand, malgré l'opposition du conseil de l'empire, un ukase impérial rendit aux Polonais l'usage de leur langue nationale et leur ouvrit un recours à l'autorité suprême, on s'aperçut que le jeune empereur avait bonne mémoire.

Bien que la politique soit affaire d'intérêts plutôt qu'affaire de sentiments, l'amitié russo-allemande vécut sur le souvenir de formidables luttes communes. A la bataille de Bar-sur-Aube (27 février 1814), le futur empereur Guillaume Ier avait combattu dans les rangs du régiment russe de Kaluga (5e régiment d'infanterie). Il savait qu'après l'Angleterre la Russie avait joué le principal rôle dans l'anéantissement des armées de Napoléon. Chez les deux autocrates de droit divin, le souvenir de la Sainte-Alliance restait vivace. D'étroits liens de parenté les unissaient : Guillaume Ier était l'oncle par alliance d'Alexandre II. Quand les deux souverains se rendaient visite, tout ne se passait pas en tendres épanchements et en idylles familiales ; la conversation, volontiers, s'égarait sur le terrain de la haute politique, opérant la sélection des intérêts communs et des intérêts particuliers. Ceux-là, et parmi eux figurait la lutte sans merci contre les nihilistes et autres fauteurs de troubles, pouvaient être défendus d'un commun accord ; la poursuite de ceux-ci était abandonnée aux gouvernements. Nulle part les intérêts allemands ne se heurtaient aux intérêts russes.

Des millions de nationaux allemands vivaient, il est vrai, dans les provinces baltiques. Leur sort était supportable ; à la Cour et dans l'administration, ils disposaient d'une influence hors de proportion avec leur nombre. Il en était des Allemands des provinces baltiques, comme, jusqu'en août 1914, de notre idée de revanche : il fallait y songer toujours et n'en parler jamais. Jusqu'à la veille de la présente guerre, le pangermanisme observa cette politique de prudent silence : « Du point de vue allemand, il n'existe aucune cause raisonnable d'entrer en conflit avec la Russie... De même que les Allemands ne peuvent tolérer que la Russie s'empare des bouches de la Vistule, de même les Russes ne peuvent dans la Baltique se laisser couper de la mer (1) ». S'il « convient de ne pas barrer aux Allemands des provinces baltiques le chemin de

_____

(1) Daniel Frymann, Op. cit., page 169.

retour vers l'empire..., sauver le germanisme de ces régions par une intervention de l'empire est au delà des possibilités de la politique ». Inclinons-nous devant ce pangermanisme tolérant, respectueux des droits, des intérêts et des préjugés d'autrui ! Impossible de pousser plus loin la modération et le désintéressement. La Russie est forte, et les appétits des pangermanistes sont en raison inverse du nombre des baïonnettes qui s'opposent à leur marche en avant. Soyez forts, et vous serez respectés par eux ; soyez plus forts encore, et ils vous aduleront. On songerait aux Allemands de la Baltique « si, grâce à sa constitution, la Russie laissait se produire le heurt violent des nationalités hostiles et se dissolvait en un certain nombre d'États », c'est-à-dire, si elle cessait d'être forte.

Tel était l'état des rapports russo-allemands au début de l'année 1888 qui fut fatale au jeune empire teuton.

De la reine Louise qui l'enfanta en 1797, Guillaume de Prusse avait hérité d'une alliance précieuse. Dès son berceau il s'unit à une souveraine fatale qu'il devait rencontrer souvent et ne vaincre jamais. La mort, reine des enfers, lui garantit près d'un siècle de vie heureuse ; il lui promit des millions de victimes de choix. L'alliée commit quelques infidélités ; elle menaça le prince Guillaume le 12 juin 1849, le roi Guillaume le

14 juillet 1861 quand il prenait les bains à Baden-Baden. L'alliance fut mise à l'épreuve le 11 mai 1878 quand Hœdel brandit son revolver, le 2 juin suivant quand Nobiling commit son attentat, le 28 septembre 1883 quand l'empereur se rendait au Niederwald pour inaugurer la Germania « kolossale », Sa fin approchait. De ci, de là, l'inexorable alliée faucha : Roon tomba le 23 février 1879, le prince Frédéric-Charles le 15 juin 1885. Guillaume Ier, roi de Prusse et premier empereur d'Allemagne, mourut le 9 mars 1888.

L'empereur Frédéric, son fils, souffrait d'une maladie qui ne pardonne pas. Deux vétérans des âges héroïques veillaient à son chevet : Bismarck, vieux déjà de soixante-treize ans, et Moltke qui approchait de son quatre-vingt-huitième anniversaire. Entre San-Remo où agonisait le malheureux souverain et notre Côte d'Azur un héritier pressé faisait la navette, guettant les progrès du mal et en souhaitant, dit-on, la fin prochaine pour que soit transformée plus tôt en réalité énivrante sa très courte expectative. Frédéric mourut le 15 juin 1888. Il avait rêvé de l'amitié des peuples, de la paix de l'Europe, du rapprochement franco-allemand, de l'entente des classes. Ni la Prusse, ni l'Allemagne n'étaient dignes de lui (1).

---

(1) *Preussische Jahrbücher*, août 1888, et *Deutsche Rundschau*, octobre 1888.

Guillaume II devint roi de Prusse et empereur allemand. Il y eut trois Grâces ; l'Allemagne eut son troisième empereur. L'adolescent de vingt-neuf ans marqua, marquera plus encore sa place dans l'histoire. Des mœurs nouvelles s'implantèrent. Sans ménagement et sans égard pour les services rendus, les vieux serviteurs que la mort avait épargnés furent chassés. Bismarck, pendant un temps, suivit avec désintéressement, sinon sans quelque secrète inquiétude, leur lamentable exode. Que faisait le vieux chêne isolé dans le taillis dévasté ? Son tour vint bientôt : en mars 1890, il cessa de plaire, si tant est qu'il ait jamais plu au nouveau maître. Il se retira dans sa sombre retraite de Sachsenwald où la haine de Guillaume II n'osa trop troubler son repos. « Je suis, dit-il à une procession de visiteurs, comme le voyageur perdu dans la neige qui s'enfonce à mesure que les flocons le recouvrent ». Une lourde pierre tombale, sur laquelle viendront s'agenouiller les « petits Allemands » de demain, le recouvrit en août 1898.

Désormais le jeune souverain et ses fidèles purent agir au gré de leurs caprices. L'intérêt allemand, qui se confondait avec le leur, les inspirait ; leur médiocrité ne le put comprendre comme il aurait fallu. Bismarck lui-même l'aurait-il parfaitement compris ? Les peuples se réveillaient à

la vie internationale et, même dans les pays autocratiques comme la Russie et l'Allemagne, imposaient leurs volontés. Bismarck connaissait merveilleusement tous les souverains et tous les
diplomates et, habile dans cet art, exploitait leurs
faiblesses et leurs manies. Il ignorait le peuple
allemand qui n'avait pas et n'a pas encore voix
au chapitre, le peuple austro-hongrois que l'esprit
le plus subtil cherche à découvrir dans l'amal-
game informe pétri par les Habsbourg, le peuple
français qu'il croyait léger, folâtre et frivole, inca-
pable de former une armée, le peuple russe,
enthousiaste dans ses conceptions, mais réaliste
dans ses actes et qui hait le Teuton.

A Guillaume II, isolé au départ de Bismarck,
les sous-ordres de la Wilhelmstrasse enseignè-
rent le secret de la politique de l'heureux grand-
père : jouir de la paix et consolider la paix con-
quise *ferre et igni*. Programme illusoire qui ne
cadrait ni avec l'ambition quelque peu déséquili-
brée ni avec le désir de « faire grand » du
maître. C'était de la politique allemande ; il fallait de la *Weltpolitik*, de la politique mondiale.
Et un sot orgueil enfla les voiles du pangermanisme.

Guillaume II se mit en quête de collaborateurs.
La nature généreuse qui l'a comblé de tous ses
dons lui a refusé celui de connaître les hommes.

Tâche difficile, d'ailleurs ; il est malaisé de trouver des hommes de valeur qui consentent à être les instruments d'une volonté supérieure, rebelle à tout frein. De 1862 à 1888, Guillaume Ier eut un seul chancelier et il ne l'usa pas ; Guillaume II en est à son quatrième chancelier ; il en usa trois et le quatrième était usé par l'obscur travail de bureau quand il fut appelé à la dignité suprême.

Caprivi, le premier d'entre eux, fut un honnête homme. Dans le domaine économique son action fut modeste, mais bienfaisante ; il conclut d'excellents traités de commerce qui préparèrent le grand essor industriel et économique de l'Allemamagne. On l'accusa de servilité. Le reproche est cruel. Il montra assez d'indépendance pour ne pas paraître servile et assez de servilité pour ne pas paraître indépendant, Ses vues étaient courtes, sa pénétration nulle. Il acquit Héligoland et se montra aimable avec l'Angleterre. Pouvait-on demander davantager à un général que le caprice impérial avait improvisé diplomate ?

Le prince de Hohenlohe qui lui succéda sortait de la bonne école. A Munich et à Berlin il avait aidé à ajouter quelques moellons au superbe édifice impérial. Mais « l'oncle Clovis » était un vieillard quand il s'installa au palais de la Chancellerie ; son organisme sénile répugnait aux fortes volontés ; un trop long usage avait fatigué son intelligence et rétréci son imagination. Il fit cependant de la bonne besogne parce que son origine et son âge lui donnaient une autorité devant laquelle parfois s'inclina Guillaume II.

Le comte de Bulow, son successeur, est un diplomate avisé. Nul, mieux que lui — et sa *Politique allemande* vient d'en fournir une nouvelle preuve — ne connaît les besoins de l'empire. L'intelligence ne supplée pas à la volonté. La connaissance est stérile si l'action ne la féconde. Bulow eût fait un excellent critique ; il fut un artiste passable. Il jongla avec succès devant le Reichstag qu'avait méprisé Bismarck ; d'élégantes pirouettes le sauvèrent de tous les désagréments. Parfois, ce dilettante sut faire preuve d'énergie ; il en montra quand, dans l'adaptation du rigoureux tarif douanier du 25 décembre 1902, il arbitra entre agrariens et libéraux ; il en montra encore dans la discussion de la grave réforme fiscale qui lui valut une retraite prématurée ; il en montra surtout quand les paroles imprudentes du maître risquèrent de compromettre les intérêts vitaux de la politique allemande. Cette dernière manifestation d'énergie ne lui fut jamais pardonnée. Le pangermanisme le juge avec sévérité : « Bulow était diplomate, rien de plus. Il n'avait ni caractère, ni programme ; il était paresseux et frivole (1). » Pourquoi faut-il qu'on lui doive reprocher des manques de tact qui n'étaient sans doute pas de son fait et des erreurs politiques qu'il commit par ordre?

M. de Bethmann-Hollweg est un patriarche vénérable, un fonctionnaire modèle, qui a appris beaucoup de choses et en a retenu beaucoup. Sans doute sait-il lire *Josèphe* dans le texte et *Faust* sans sommeiller. Il vous dira les noms de tous les rois qui ont gouverné l'Egypte antique et vous déchiffrera les hiéroglyphes. Lorsqu'il doit parler au Landtag de la répression polonaise, il consulte auparavant les *Maximes* de La Rochefoucault, la *République* de Platon et quelques volumes d'Adolphe Wagner. Son programme politique est simple : plaire au maître. La guerre de 1914 n'est pas son œuvre ; l'histoire lui reprochera de n'avoir rien fait pour l'empêcher. Elle ne lui vaudra même pas un tortil de baron.

Est-il étonnant qu'un semblable attelage, précédé d'un cheval de tête fougueux et capricieux à l'excès, ait mené le char de l'Etat dans toutes les ornières? « La politique, a dit un compatriote madré de Machiavel, est l'art de plier soit les hommes aux choses, soit les choses aux hommes,

---

(1) Daniel Frymann. Op. cit. page 18.

et de conformer les moyens au but. » Les hommes ne pouvaient ni ne voulaient plier; les intérêts permanents des peuples évoluent, mais ne plient pas. Comment conformer à un but qui est chimérique et qu'on ignore des moyens qu'on ignore pareillement? « Dans la politique, disait Bismarck, je fais comme à la chasse aux canards; je ne mets jamais un pied devant l'autre, sans avoir auparavant tâté le terrain sur lequel je veux marcher. » Tâter le terrain? Qui donc y a songé à Berlin depuis la mort de Guillaume Ier? On marcha à l'aventure, au gré des ambitions débordantes, et on parvint à l'abîme.

Sur son lit de mort, Guillaume Ier avait conseillé à son petit-fils de cultiver toujours l'amitié avec la Russie. Dans son style théâtral, celui-ci rappela ce menu fait historique dans la dépêche qu'il envoya le 31 juillet 1914 à l'empereur de Russie : « L'amitié pour Toi et pour Ton peuple que mon grand-père m'a léguée sur son lit de mort me fut toujours sacrée (1). » Le legs avait été oublié pendant un quart de siècle.

Bismarck n'aimait pas les affaires balkaniques qui « ne valaient pas les os d'un bon grenadier poméranien ». Il regardait vers l'Occident où assez de choses intéressantes s'offraient à lui; il

____

(1) Livre blanc allemand, Introduction.

n'était pas universel et ne prétendait pas au don d'ubiquité. Après son départ, l'Allemagne négligea la Russie et ne songea plus qu'à l'alliée du Danube. Ce n'était pas là de l'amour désintéressé : Sadowa était oublié et la fidélité de François-Joseph était assurée. Pendant que celui-ci subissait le *Drang nach Osten* qui devait lui être fatal, Berlin nourrissait de plus vastes ambitions, assez peu compatibles avec les ambitions austro-hongroises. Guillaume II convoita les Balkans, Constantinople, l'Asie Mineure, la Syrie, la Mésopotamie...; déjà il entrevoyait le jour où un prospère comptoir allemand sur le golfe Persique servirait de terminus à la ligne de Bagdad. La Société des Chemins de fer ottomans d'Anatolie, émanation de la *Deutsche Bank* et de la *Wurttembergische Vereinsbank*, obtint son premier firman en 1888.

Aussitôt l'Empire se lance dans le tourbillon de la politique de conquêtes où se heurtent toutes les convoitises. La succession de « l'homme malade » est guettée par toutes les grandes Puissances et par d'avides héritiers locaux; on ne peut s'en emparer de vive force. Devant ce conflit d'appétits, les Puissances hésitent et temporisent. S'inclinant, parce qu'ainsi le veulent les nécessités politiques, devant le dogme de l'intégrité de la Turquie, elles exigent des réformes pour que soit adouci le sort épouvantable des peuples chrétiens. Guillaume Ier, nouveau venu dans ce cénacle, veut jouer au plus fin ; les lamentations des martyrs arméniens et des victimes de Macédoine ne parviennent pas jusqu'à Berlin où on ne doit pas les entendre. Comme il ne peut conquérir les terres du sultan, il veut conquérir le sultan lui-même. Ses ambitions sont modestes : quelques postes bien rétribués pour les officiers de son armée, des commandes pour la maison Krupp et les chantiers Vulkan, un bon accueil pour les voyageurs de commerce et d'insignifiants privilèges pour les colons allemands en Asie Mineure.

Abdul-Hamid, qui fut le dernier diplomate turc, a vite fait de pénétrer le jeu de son partenaire et il en tire profit. Que lui importent désormais les réclamations anglaises, russes, françaises, autrichiennes, italiennes? Le tout-puissant empereur d'Occident est avec lui, le couvre de son égide, le garantit contre tout danger. Et le sang chrétien coula à flots en Macédoine et en Arménie... Ce fut le premier fruit humain de la collaboration du paladin du Christ et du khalife d'Allah.....

La grande Russie obéissait alors au noble empereur Alexandre III. Entre ce Romanow réfléchi, au tempérament froid, et le Hohenzollern excité, le contraste était tellement frappant qu'il peut paraître indécent de les comparer l'un à l'autre. Alexandre, esprit moyen, mais précis, agit d'après un petit nombre d'idées bien arrêtées, presque immobiles, dont il a mûrement pesé toutes les conséquences. Guillaume, esprit brillant, mais brouillon, a l'hystérie de l'action ; la pensée peut suivre ; de même le repentir. Celui-là hait la démocratie et le libéralisme mais entend être juste envers tous ses sujets ; celui-ci se dit libéral et gouverne en autocrate. Alexandre aime la paix et arme par nécessité ; Guillaume a la gloriole de l'armée, la nostalgie de l'uniforme et la hantise des grands anniversaires. L'empereur russe parle peu et agit quand son devoir l'exige ; Guillaume agit énormément et parle plus encore, même quand son devoir souverain lui prescrirait le silence. Politique de grandeur et politique d'aventures à Berlin, politique ferme et stable à Saint-Pétersbourg : tel sera le bilan des deux règnes. Le Hohenzollern aime peu la Russie et les Russes ; le Romanow déteste les Allemands et l'Allemagne. La noble princesse danoise qu'il éleva à lui le confirma sans doute dans ce sentiment. Quand la brutalité prussienne mutila le Danemark, la femme d'Alexandre III, la reine Alexandra d'Angleterre et le roi Georges Ier de Grèce jouaient encore à la poupée dans les parcs de Copenhague. Les souvenirs d'enfance ne s'oublient jamais.

Les peuples russe et allemand partagent les sentiments de leurs souverains. L'Allemagne, du haut de sa grandeur, méprise les Slaves, matière ethnographique de qualité inférieure, comme elle méprise le Français volage, l'Anglais cupide, l'Autrichien lourdaud et tout ce qui n'est pas allemand. Dans l'Allemand qui l'étouffe chez lui et le calomnie au dehors, le Slave abhorre la présomptueuse et ridicule suffisance, l'insupportable hypertrophie du moi dont souffre le serf de l'Elbe comme le Herr Professor, la dogmatique infaillibilité. Psychologiquement — la psychologie est, comme toutes les autres sciences, une science allemande — le pangermanisme explique cette antipathie slave : « Le Russe hait l'Allemand de cette haine instinctive qui anime l'être inférieur envers l'être qui, sous tous les rapports, lui est supérieur. Tout, dans l'Allemand, lui répugne : son application, son honnêteté, son amour de l'ordre, sa propreté ; à ses yeux, la manifestation de toutes ces qualités est une présomption insupportable (1). » Ni l'histoire ni les faits contemporains ne confirment entièrement cet éloge des Allemands par les Allemands.

----

(1) Daniel Frymann, op. cit. page 169.

Alexandre III était fort en histoire. Il connaissait, pour y avoir assisté de près, les événéménts redoutables qui, dans cette capitale année 1878, avaient décidé des destinées futures des peuples. Il se souvenait du discours monstrueux que, le 19 février 1878, Bismarck avait porté à la tribune du Reichstag pour initier l'Allemagne parlementaire aux secrets de la politique future. Windhorst, porte-parole du Centre catholique, y avait fait cette réponse grave : « Il s'agit, à mon avis, dans cette question d'Orient, de la grande question, pleine de conséquences pour l'avenir : lequel, des deux éléments *germanique* ou *slave*, doit dominer le monde? Nous devons embrasser l'intérêt allemand dans son universalité. » De même que, douze ans plus tôt, l'Allemagne avait été trouvée trop étroite pour contenir à la fois la Prusse et l'Autriche, l'univers fut trouvé trop étroit pour contenir les deux races slave et allemande. On ne daigna pas parler des races de deuxième ordre, des Français, des Anglais, des Italiens... C'était, avant l'avènement de Guillaume II, la politique mondiale. L'intérêt russe commandait de prévenir le danger. A l'inquiétude qu'avaient fait naître dans l'esprit du tsar l'avènement et les premières déclamations de Guillaume II s'ajouta bientôt le ressentiment, fruit de froissements personnels regrettables.

Væ soli : la maxime vaut pour les sociétés comme elle vaut pour les individus. Le « splendide isolement » pouvait convenir pour un temps à la Grande-Bretagne insulaire ; il ne pouvait être la base d'une politique russe vraiment nationale. Libre du côté allemand, la Russie revint petit à petit à l'idée de cette alliance française dont Gortschakoff avait parlé jadis dans un moment de désœuvrement et que Bismarck avait su éviter pendant son proconsulat.

La terre française était prête à recevoir la semence. L'histoire de la politique française depuis 1871 peut être divisée en trois périodes assez nettement distinctes.

Ce fut, d'abord, pendant une décade environ, l'ère du recueillement et de la réorganisation. M. Victor Bérard en résume excellemment les grands devoirs :

« Méditer et mettre à profit la cruelle leçon de 1870 ; rétablir les forces de la nation ; relever son armée et ses forteresses ; remplir ses magasins et ses arsenaux ; repeupler ses casernes et ses ateliers ; l'outiller surtout de sciences et de méthodes nouvelles, lui inculquer le maniement des unes et le respect des autres; bref, au moral et au physique refaire un peuple fort de ce peuple vaincu et l'amener quelque jour peut-être à réparer dans sa frontière de l'Est la brèche qui rend l'étranger maître de notre sol : tous les Français étaient d'accord sur ce programme, et Gambetta, qui voulait y penser toujours sans en parler jamais, ne faisait que formuler le devoir national, tel qu'il apparaissait à tous les esprits (1). »

Tâche ingrate et infiniment patriotique ! Tous les Français, sans distinction d'opinion ni de croyance, s'y attelèrent. Qu'il était beau, le spectacle de ce grand et noble pays touché par l'ouragan, sans cesse menacé d'une attaque nouvelle, qui travaillait obscurément à sa rénovation nationale et à son salut ! Pas même une consolation fugitive envoyée aux frères séparés d'au delà la trouée des Vosges ! Le vainqueur veillait, l'arme au pied ; il ne l'eût pas permis. Le silence n'était pas l'oubli ; l'apparente sujétion n'était pas un acquiescement au fait accompli. L'histoire de France ne connut point d'époque plus glorieuse. Républicains et monarchistes, conservateurs et libéraux communiaient dans la même foi. Le duc Decazes se rencontrait avec Gambetta, Waddington, partisan « de relations cordiales et franches entre la France et l'Angleterre » se rencontrait avec Thiers qui était anti-russe et avec Mac-Mahon qui ne voulait pas de nouvelles querelles.

____

(1) *La France et Guillaume II*, Paris, 1907, page 5.

« Depuis quatre ans, écrivit en août 1877 le duc Decazes à M. de Gontaut-Biron (1), j'ai mis tous mes soins, j'ai consenti à tous les sacrifices, j'ai épuisé la coupe de toutes les amertumes pour essayer de faire pénétrer à l'étranger une vérité bien éclatante à mes yeux et que j'ai pu prêcher en toute sincérité, à savoir que la France conservatrice était exclusivement dévouée à la politique d'apaisement et de modération, qu'elle désavouait toute pensée de revanche et de représailles, qu'elle seule, enfin, pouvait amener la paix générale et qu'elle seule le voulait... »

« Si nos cœurs battent, disait Gambetta en 1880, ce n'est pas pour un idéal de sanglantes aventures, c'est pour que ce qui reste de la France reste entier et pour que nous puissions compter sur l'avenir, pour voir s'il y a dans les choses une justice immanente qui vient à son jour et à son heure. »

Dans un opuscule insignifiant par son volume, mais remarquable par la netteté et la justice de ses conclusions, deux professeurs de l'université d'Oxford résument ainsi les leçons de cette grande période historique :

« Rapidement la République paya l'énorme indemnité de guerre exigée par l'Allemagne victo-

____

(1) Hanotaux, Op. cit., pages 257 et 258.

rieuse. L'armée et les défenses de la frontière de l'Est furent mises sur un pied satisfaisant ; c'étaient là les seules manifestations du nouvel esprit de réforme qui était dans l'air. Avec une énergie et un succès inlassables, la nation et le gouvernement se mirent à l'œuvre pour asseoir sur de nouvelles bases la prospérité nationale. Renonçant aux vieilles illusions et à la vieille gloriole, les Français s'assimilèrent la pensée claire et agissante qui avait rendu les Allemands victorieux. Ce fut un temps de mélancolie, de regrets, de retour sur soi. Le Français patriote qui jette un regard rétrospectif sur l'œuvre de ces dix années sent instinctivement que ce fut la période la plus noble de son histoire nationale (1). »

Avec une sollicitude jalouse, l'Allemagne suivait les progrès de ce travail qu'elle regrettait, mais ne pouvait empêcher. Le temps n'était pas encore où un Ministre des Affaires étrangères, atteint de mégalomanie aiguë, osait reprocher à un peuple sa fidélité à l'idéal national. Bismarck était moins

______

(1) Morgan et Davis, *French Policy since* 1871 ; *Oxford Pamphlets*, 1914, pages 7 et 8. — A l'occasion de la guerre, les professeurs de l'Université d'Oxford ont publié une série de brochures historiques et politiques dont on ne peut dire trop de bien. La politique française depuis 1871 est exposée de main de maître dans la brochure dont nous venons de faire le court extrait ci-dessus ; d'autres traitent de la politique italienne, de la politique russe, de l'histoire et du programme futur de la politique allemande.....

brutal que le comte Berchtold. Mais, Allemand et Prussien dans l'âme, il n'avait pas cette sensibilité qui respecte la douleur. Il avait espéré la chute définitive. Les cinq milliards furent payés en un tour de main ; aussitôt la France blessée entra en convalescence et cette convalescence progressa vite. Quatre ans après la conclusion du traité de paix, l'Allemagne voulut recommencer la sanglante opération et « saigner à blanc » ; l'opposition anglaise et russe l'en empêcha. Ce fut ensuite la longue et fastidieuse série des piqûres d'épingle, des vexations inconsidérées, des alarmes incessantes, des « querelles d'Allemand » qui devait empêcher la France de reprendre haleine.

Quand, en juin 1878, M. Waddington se rendit à Berlin pour y prendre part au congrès, l'œuvre réparatrice était presque achevée. L'armée française inspirait le respect, les lignes des Vosges étaient en état, l'armature économique était prête. La France pouvait reprendre et reprit sa place dans le concert des grandes puissances. L'année suivante, M. Waddington la félicita d'avoir été à Berlin « libre d'engagements, d'en être revenue libre d'engagements et d'être restée libre d'engagements. » De son balcon de Downing Street, lord Beaconsfield lança, le 16 juillet 1878, son cri célèbre : « Nous rapportons la paix avec l'honneur. » Le prince Gortschakoff rapporta des désillusions ; le fil qui rattachait Saint-Pétersbourg à Berlin était presque cassé ; comme la Russie ne pouvait rester sans communication, elle commença à dresser des poteaux sur le chemin de France.

Dans l'Eden allemand, M. Waddington avait rencontré le serpent tentateur. En Egypte s'exerçait le pénible condominium franco-anglais qui devait peser si longtemps sur les relations des deux pays voisins. La Grande-Bretagne s'était fait attribuer l'île de Chypre d'où elle pouvait surveiller le pays des Pharaons. A M. Waddington qui s'en plaignit, lord Salisbury montra Tunis : « Vous ne pouvez, dit-il, laisser Carthage aux mains des Barbares... Faites là-bas ce qui vous paraîtra bon ; ce n'est pas notre affaire. » Bismarck était au courant et il était consentant. La France à Tunis ! C'était la tranquillité sur la frontière des Vosges, le recul indéfini de l'alliance franco-russe dont de ci, de là, on murmurait, la prédominance en Europe ; c'était aussi l'alliance italo-allemande. Champion autrefois de la forme républicaine en France, Bismarck orientait maintenant celle-ci vers les séduisantes ambitions coloniales. Il s'était trompé en 1871, il se trompa en 1878 ; l'infaillibilité allemande ne date que de l'avènement de Guillaume II. La République réorganisa la France ; la politique coloniale la fit plus grande.

Froidement le gouvernement du maréchal de Mac-Mahon accueillit la suggestion anglo-allemande. *Timeo Danaos et dona ferentes* : le maréchal et ses ministres avaient des lettres. Peut-être entrevirent-ils aussi les mille difficultés que les entreprises coloniales allaient faire surgir entre la France et l'Angleterre et entre la France et l'Italie. Après un moment de réflexion, ils crurent opportun de faire confirmer par écrit les offres unilatérales de lord Salisbury ; celui-ci, de bonne grâce, s'y prêta et, dans deux dépêches du 7 août 1878, confirma ses déclarations de Berlin.

Ainsi commença la deuxième phase, la période coloniale, de la politique de la République française. L'occupation de la régence de Tunis l'ouvrit ; la pénétration pacifique, puis militaire, du Maroc devait la clôre. Celle-là brouilla la France avec l'Italie et augura la longue rivalité anglo-française ; celle-ci déplut à l'Allemagne et prépara l'entente avec la Grande-Bretagne. Les bons Français « qui aiment assez *la petite France* de la Révolution pour ne jamais songer à la *grande France* d'outre-mer » protestèrent contre cet engouement colonial dont les « coloniaux », non moins soucieux de l'intérêt national, vantaient la grandeur. Les événements contemporains ont définitivement tranché la controverse. L'histoire saura gré aux brillants pionniers, aux généraux intrépides, aux hommes d'Etat prévoyants qui, au prix de leur sang et en dépit de difficultés sans nombre, ont édifié pierre par pierre le magnifique empire colonial français. La politique est vaine qui fait verser des flots de sang pour acquérir un peu plus de gloire ; la guerre, même victorieuse, n'est pas génératrice de richesse et de bien-être. Mais n'était-il pas profondément humain de donner un peu de gloire à un pays brutalement assailli et cruellement amputé par un ennemi sans scrupules ? Cette gloire fut parfois chèrement acquise ; elle ne fut et ne sera pas sans profit. Certes, les héroïques soldats qui luttent contre les hordes teutonnes auraient résisté avec une égale vaillance s'ils ne s'étaient pas fait auparavant la main dans les campagnes coloniales ; mais l'expérience ne nuit point à la bravoure. La puissante collaboration des troupes exotiques françaises et anglaises a prouvé qu'une politique coloniale humaine et avisée peut avoir à l'occasion de très heureuses conséquences militaires. Oubliés les incidents fâcheux, sans doute inévitables, qui troublèrent jadis les relations de la France avec la Grande-Bretagne, l'Italie et l'Espagne. L'amitié qui unit des adversaires de la veille est parfois plus forte que celle dont jamais aucune ombre n'a terni l'éclat.

L'histoire aurait été sévère pour les champions de la politique coloniale française si, hypnotisés par le séduisant rêve impérialiste, ils avaient perdu de vue la « petite France » continentale, ses intérêts vitaux et ses deuils inoubliables. Pendant que des explorateurs audacieux parcouraient la brousse africaine, que les corps d'expédition faisaient flotter les couleurs nationales dans les parages lointains et que les diplomates étudiaient pour les résoudre pacifiquement tous les conflits, le gouvernement de la République poursuivait sa politique d'assainissement national, veillait aux progrès de l'armée et témoignait de son attachement à la paix dans la dignité. Les plénipotentiaires français qui assistèrent à la conférence de Berlin de 1884-1885 furent dignes en tous points de leurs devanciers de 1878. L'effectif de paix de l'armée française dépassait alors un demi-million d'hommes.

« Si nous avons besoin de la paix, dit M. Goblet au Havre, le 7 mai 1887, si personne ne doute de notre volonté de la conserver, personne ne peut douter non plus que nous ayons la ferme résolution de ne lui sacrifier ni nos droits ni notre honneur. La France, relevée de ses désastres, a pris confiance en elle-même ; bien loin de menacer aucun peuple, elle est prête à accueillir avec joie et réciprocité toutes les sympathies ; elle ne serait pas moins prête, s'il le fallait, à faire face à d'injustes agressions. »

Le duc Decazes n'avait pu tenir ce langage à la fois pacifique et ferme. L'œuvre de réorganisation, à son époque, n'était pas encore achevée. Ennemie des aventures — elle le prouva lors des incidents Boulanger, — forte sur terre et redoutable sur mer, la France était redevenue une alliée désirable. Penchera-t-elle vers la libre Angleterre dont les institutions ressemblaient aux siennes ou tendra-t-elle la main au tsar autocrate qui partageait son désir de paix ? A l'est comme à l'ouest Bismarck veillait. Quand, en 1887, Goblet voulut régler avec la Grande-Bretagne les problèmes coloniaux les plus urgents, l'incident Schnæbelé vint aussitôt brouiller les pourparlers. Il fallut attendre le départ du Machiavel brandebourgeois et l'expérience de dix années de *Weltpolitik* teutonne pour renouer les conversations brutalement interrompues.

Le pont se construisait entre Saint-Pétersbourg et Paris. L'inquiétude d'Alexandre III s'était accentuée. La République, lui avait dit Bismarck, c'est l'impuissance, c'est le champ libre aux provocations extérieures et au désordre intérieur. Et les événements avaient répondu : La République, c'est la force et c'est la paix. Même à l'intérieur, elle avait maintenu l'ordre et la sécurité. Comme la rancune est mauvaise conseillère, elle avait oublié les félicitations adressées jadis au vainqueur de Sedan pour ne plus songer qu'aux services rendus en 1875 par la Russie à la cause de la paix. Lorsque, en 1890, une bande de nihilistes se faisait la main dans le bois de Meudon pour attenter à la vie de la famille impériale russe, le gouvernement français la pria d'aller compléter ailleurs son dangereux apprentissage. Jamais Alexandre III, que hantait le souvenir de l'attentat du Palais d'Hiver, n'oublia cette amabilité. Quelques années plus tôt, au cours de la crise bulgaro-serbe, la diplomatie française avait travaillé d'accord avec la diplomatie moscovite. Si la France républicaine a des corps d'armée nombreux, des places fortes, des camps retranchés, elle est aussi un inépuisable réservoir de capitaux. Considérations terre-à-terre ! Sans doute. Mais les peuples ne vivent pas seulement d'idéal ; l'or est nécessaire en temps de paix et en temps de guerre, de même les troupes et les canons. Et la puissance isolée par le traité de Berlin redit à la nation isolée par le traité de Francfort ce qu'avait dit, en 1717, Pierre le Grand au régent Philippe d'Orléans : « Je vous tiendrai lieu de Turquie, de Pologne et de Suède. » Au lendemain du jour où l'impératrice Frédéric se promena dans la Galerie des Glaces et sur les ruines de Saint-Cloud, ravivant un passé cruel, la Russie offrit sa main ; la France l'accepta. L'alliance franco-russe que pen-

dant vingt ans Bismarck avait redoutée était
née ; elle fut documentée peu après par un acte
public ; des conventions militaires la complé-
tèrent. Ce fut le don de joyeux avènement que
Guillaume II offrit à l'Allemagne. L'amiral Ger-
vais scella l'alliance à Cronstadt, en juillet 1891 ;
deux ans plus tard, Toulon fêta l'amiral russe
Avellane et ses fiers marins. Le président Félix
Faure inaugura les heureuses visites franco-russes
qui consolidèrent l'intimité des deux pays.

Vivement l'Allemagne officielle ressentit le
coup ; la presse et l'opinion publique se répandirent
en imprécations courroucées contre les nouveaux
alliés. Le silence maussade et la bouderie sont de
déplorables méthodes politiques. De même que
l'homme sage s'accommode de la maladie qu'il ne
peut guérir, les nations doivent vivre avec les
inconvénients politiques dont l'existence ne dépend
pas de leur volonté. La France n'avait-elle pas
vécu pendant vingt ans, ne devait-elle pas vivre
pendant quinze ans encore avec son flanc entr'-
ouvert ?

« Le rapprochement entre la France et la Russie,
a dit M. Alexandre Ribot qui l'opéra (1), n'était
pas une alliance offensive et ne menaçait pas la
paix de l'Europe. Il était une condition de l'équi-

______

(1) Discours prononcé à l'École des Sciences politiques, le
22 février 1907.

libre européen, un moyen pour nous de respirer plus librement, de traiter nos affaires avec plus de dignité. »

L'alliance franco-russe marquait la fin de la prépondérance politique et diplomatique dont, depuis quinze ans, l'empire allemand avait abusé et dont, en raison de la *Weltpolitik* de son chef, il désirait abuser plus encore à l'avenir. L'équilibre européen devenait meilleur. En rejetant au loin toute idée de revanche, l'alliance servait la cause de la paix et écartait la guerre. Elle garantissait le *statu quo*, donc le traité de Berlin pour la Russie, le traité de Francfort pour la France. L'Allemagne pacifique — ainsi la représentaient les froides déclarations du général von Caprivi et les rodomontades impériales — aurait dû s'en réjouir au lieu de s'en émouvoir. Sa menace ne visait que l'agression et l'atteinte à l'équilibre européen.

Et, cependant, la Wilhelmstrasse l'accueillit avec froideur. Brutalement la Triple-Alliance fut renouvelée pour un nouveau terme. « Les temps où nous vivons, dit Guillaume II dans un de ses innombrables discours, sont sérieux ; peut-être, dans les années prochaines, aurons-nous du fil à retordre (1). » Et l'armée subit une nouvelle et considérable augmentation que le vieux maréchal

____

(1) Cité par M. Tardieu, *Questions actuelles de politique étrangère en Europe*, page 58.

von Moltke alla en personne réclamer au Reichstag. Les matrones de la décadence romaine comptaient leurs mariages et leurs maris d'après le nombre des consuls ; désormais l'Allemagne impériale comptera ses années d'après le nombre des « novelles » militaires ; bientôt suivront les « novelles » navales.

Le paladin se ressaisit et se montra fin diplomate. Il voulut profiter de l'alliance qu'il n'avait pu empêcher. Il était donc nécessaire, tout d'abord, qu'il entretînt d'excellents rapports avec la Grande-Bretagne où régnait son illustre aïeule et avec la Russie au gouvernement autocratique. Habilement il continua la série d'accords coloniaux anglo-allemands commencée par Bismarck. Le 1er juillet 1890, il acquit le rocher d'Héligoland dont l'Angleterre n'avait que faire, moyennant le paiement d'une indemnité modique et l'abandon de certains droits sur les sultanats de Witu et de Zanzibar. C'était un prétexte pour se bien faire voir. « La conservation de lord Salisbury, avait dit Bismarck en octobre 1889, a pour nous plus de valeur que tout Witu. L'Angleterre nous est plus précieuse que Zanzibar et toute l'Afrique orientale. » Caprivi partageait cette opinion quand il écrivit dans l'Exposé des Motifs du traité : « Nous avons voulu avant tout maintenir et consolider les bons rapports qu'ont fait naître entre l'Angleterre et nous la parenté du sang et un commun développement historique ; ainsi avons-nous servi et nos propres intérêts et l'intérêt de la paix du monde. » D'autres conventions coloniales s'échelonnèrent de 1893 à 1900.

Deux fois l'impétuosité du paladin l'emporta sur la réserve du diplomate. En juillet 1897, sir Wilfrid Laurier, promu depuis un an à la présidence du conseil canadien, accorda aux produits de la métropole une réduction de 12 1/2 0/0 sur les droits du tarif général du Dominion. Butant de propos délibéré contre le lien inter-impérial britannique, l'Allemagne exigea la participation à ce bienfait filial. Lord Salisbury ne put pas appuyer son refus sur des considérations de droit international ; il dénonça, le 28 juillet 1897, le vieux traité anglo-prussien sur lequel le cabinet de Berlin basait sa demande. Ce crime de lèse-impérialisme effaroucha la Grande-Bretagne ; le Canada y répondit par une guerre douanière qui ne se termina qu'en juin 1910.

Cette première émotion n'était pas encore calmée lorsque l'Angleterre, en guerre avec les républiques du Transvaal et du Fleuve-Orange, apprit les termes arrogants du télégramme de félicitations adressé par Guillaume II au président Kruger. Etait-ce la guerre ? Les partisans des Boers commençaient à célébrer le chevaleresque désintéressement de l'empereur allemand quand un incident imprévu vint rafraîchir leur enthousiasme prématuré. Lorsque Kruger, à moitié vaincu, voulut se rendre à Berlin pour remercier son impérial ami, M. von Tchirschky und Boeggendorf, alors ministre de Berlin à Luxembourg, devenu depuis un des protagonistes dans la lutte austro-serbe, le rejoignit à Cologne pour le prier de porter ailleurs ses doléances et ses remerciements. L'Allemagne avait pratiqué un de ces chantages heureux dans lesquels se complait sa diplomatie. Guillaume II avait employé un chemin détourné pour se faire payer sa neutralité. La reine Victoria, généreuse et prête au pardon comme le sont toutes les mères et toutes les grand-mères, le paya d'une île Samoa. Prévoyant un improbable échec, l'impérial maître-chanteur avait, dit-on, rêvé un instant d'une coalition franco-allemande, destinée à arrêter dans le Sud africain les troupes de lord Kitchener. L'idée était saugrenue ; elle n'eut pas de suite. Vers la fin du xixᵉ siècle, les chancelleries de Berlin et de Londres étudièrent le projet d'une triple alliance des nations de race teutonne — l'Allemagne, la Grande-Bretagne, les Etats-Unis — pour comprimer les appétits possibles des races efféminées. Joseph Chamberlain en parla en termes clairs. Lord Rosebery nous apprit, le 15 février 1900, que le cabinet conservateur-unioniste anglais avait fait, en décembre 1899, « à l'Allemagne et aux Etats-Unis des ouvertures pressantes pour une alliance », mais que celles-ci « n'avaient pas été accueillies avec assez de cordialité pour encourager le gouvernement à y persévérer ». Au banquet du lord-maire, en novembre 1899, le marquis de Salisbury nous avait informé que le Royaume-Uni avait, « pendant bien des années, entretenu avec l'Allemagne des relations de sympathie et d'amitié plus grandes encore qu'avec les autres pays et que ces relations étaient tout ce que l'on pouvait désirer ». Guillaume II avait réussi à s'assurer le concours de la Grande-Bretagne, tant pour peser sur les alliés du continent que pour s'insinuer parmi eux.

A la cour de Russie où ses partisans étaient restés nombreux et influents, sa tâche fut plus aisée. Le vaste empire assistait aux prodromes des catastrophes qui, une dizaine d'années plus tard, risquèrent de lui devenir funestes. Les conservateurs étaient hostiles à l'alliance avec la France républicaine ; les partis avancés reprochaient à celle-ci son entente avec l'autocratie russe. Il fallait trouver une soupape de sûreté par laquelle s'échapperaient les vapeurs surchauffées. Pendant qu'on orientait la France vers les aventures coloniales, on canalisait les ambitions russes vers les marécages nord-asiatiques. L'appât du Turkestan chinois manqua d'attirance ; le gouvernement de Pékin se montra rebelle à toutes les suggestions. Le séducteur insista ; sa générosité ne connut plus de bornes. Il est si facile de faire la charité avec le bien d'autrui. Volontiers il eût abandonné à la Russie amie, presque alliée, et la Mongolie et le Thibet, et la Mandchourie et la Corée, bien qu'il eût garanti envers l'Angleterre l'intégrité du Céleste Empire. Manquer à sa parole ! La belle affaire quand l'intérêt national est en jeu. Il n'y a que le premier pas qui coûte : *assueta vilescunt*. Le faible von Bethmann-Hollweg n'eût pas aussi cavalièrement foulé aux pieds les traités de 1831 et de 1839, si des pas augustes ne lui avaient frayé les voies.

L'intérêt allemand, tel que le concevait Guillaume II, exigeait que cette recrudescence de l'amitié russo-allemande fut accompagnée d'un rapprochement avec la France. Le Don Juan qui veut réussir en amour devient l'ami du mari. Une longue campagne de basses flagorneries qui dura jusqu'aux premières années du xx^c siècle montra le jeune empereur sous quelques nouveaux aspects. Vingt fois par jour il change d'uniforme si le besoin l'exige ou si le caprice le demande. Pareil au caméléon des jardins algériens qui prend la couleur des feuilles parmi lesquelles il évolue, il change de ton et de maintien. Il peut se montrer tantôt de face et tantôt de dos, comme il en informa en 1912 le malheureux bourgmestre de Strasbourg. Vaniteux au delà de toute expression, il peut — et c'est là, semble-t-il, une qualité commune à tous ses sujets — descendre jusqu'aux plus viles flatteries. Il s'y essaya de 1891 à 1901 envers la France. Deuils nationaux, anniversaires de batailles, rencontres en mer, expositions universelles, manœuvres militaires : tout lui fut prétexte pour témoigner de sympathies qu'il n'éprouvait pas.

Qu'importe, puisque le but fut atteint. La fin justifie les moyens. Cette maxime est, nous le savons, enseignée en Allemagne dans les écoles d'où sortent les officiers ; elle doit figurer en bonne place dans l'évangile luthérien dont Guillaume II est le *summus episcopus*. L'Allemagne, pendant toute une décade, s'insinua dans l'alliance franco-russe. Quand le Japon eut vaincu la Chine, une singulière entente franco-russe-allemande refit l'œuvre magistralement accomplie par Bismarck en 1875 et le détroussa de ses conquêtes. La Russie s'installa à Port-Arthur et y attendit le destin ; l'honnête « courtier » s'empara, quelques années plus tard, de Kiao-Tchéou dont il fit le boulevard oriental de l'influence et du commerce allemands ; le Japon jura de se venger ; la France laissa faire.

Des escadres françaises et russes rehaussèrent l'éclat de l'inauguration du Kaiser Wilhelms Kanal. En 1900, le maréchal de Waldersee, presque Hohenzollern par sa femme, commanda en Chine à des contingents français ; la confraternité d'armes s'établissait entre les vainqueurs et les vaincus de Sedan.

Ce fut l'apogée de l'astucieux souverain ; ce fut aussi l'apogée de l'Allemagne impériale. Pendant que l'empire faisait mouvoir à son gré soit ses alliés, soit les autres, son aigle rapace étendait ses ailes sur les pays lointains et partout, sur le globe, se préparait la domination du commis-voyageur et de la camelote allemande. Jamais Bismarck n'avait rêvé d'un pareil triomphe. *Deutschland über alles* : jamais la fière, l'orgueilleuse parole ne fut plus vraie que pendant les dix premières années du règne de Guillaume II. Si, en plus de tous ses dons, l'orgueilleux Hohenzollern avait celui de l'érudition, il aurait su, parce que sans doute ses savants philologues l'enseignent aux peuples non allemands, que la Roche Tarpéienne est voisine du Capitole. Les oies gardiennes en informèrent à temps les nations séduites et bernées.

CHAPITRE V

L'ENTENTE FRANCO-ANGLAISE

SOMMAIRE. — La brouille franco-anglaise : Ses incidents ;
les fautes communes ; le tiers jaloux. — Les points en
discussion. — Les effets de la querelle : Le désaccord
franco-italien et la Triple-Alliance maritime ; les conquêtes coloniales allemandes ; la rivalité commerciale
et maritime de l'Allemagne. — La réconciliation : Ses
auteurs ; les deux peuples ; les négociations ; les sujets
de discussion. — Les accords du 8 avril 1904 et leur
intérêt politique.

Il en est des peuples comme des individus : tous,
à l'exception de l'Allemagne qui ne peut errer
ni faiblir, ont des faiblesses qui n'accroissent point
leur patrimoine de gloire. C'est pourquoi il est de
grandes complications diplomatiques qui nous
obligent à descendre jusqu'aux fangeux bas-fonds
de l'âme humaine.

L'histoire de la brouille et de la réconciliation
franco-anglaise — 1880 à 1904 — nous dispense
de faire cette humiliante descente. Elle est ins-
tructive, puisqu'elle nous fait saisir sur le vif les
tempéraments divers, merveilleusement « com-
plémentaires », de deux grands peuples qui mar-
chèrent, marchent et marcheront toujours à

10

l'avant-garde des armées du progrès et de la civilisation. Qu'importe que cette gloire n'ait pas été enregistrée par les von Sybel et les Treitschke! L'histoire *made in Germany* diffère de l'histoire sans épithète. Ni l'histoire anglaise ni l'histoire française ne peuvent être scrutées à travers des lunettes prussiennes. Elle est réconfortante aussi ; car l'homme se sent meilleur et sa bonté native s'éveille quand il voit deux nations puissantes, longtemps brouillées à mort, prêtes à un moment à en venir aux mains, se réconcilier devant un péril commun et lutter avec héroïsme contre l'ennemi de toute civilisation et de toute liberté.

Convient-il de débrouiller l'écheveau qui conduisit de Tunis à Alexandrie, d'Alexandrie à Fachoda, de Fachoda sur la sanglante Yser ? *Infandum, regina, jubes renovare dolorem...* Il semble que ce nécessaire examen de conscience doive consolider plutôt qu'ébranler l'amitié franco-anglaise. Erreur n'est pas crime ; la bassesse, seule, ne mérite pas de pardon. De 1880 à 1904 bien des erreurs furent commises de part et d'autre ; hommes d'Etat et parlements se partagèrent de graves responsabilités ; on s'égara en France et on s'égara en Angleterre. S'il y eut des malentendus innombrables, des ressentiments irréfléchis, des exagérations intentionnelles ou inconscientes, des représailles stupides, il n'y eut ni bassesses ni actes de perfidie. Parfois, il est vrai, des accusations cruelles passèrent et repassèrent le détroit : on parla, sans doute sans trop y croire, de perfidie, de cynisme éhonté, de mauvaise foi, d'influences financières plus ou moins avouables qui, avec la connivence ou à l'insu des gouvernements, auraient attisé le feu... Accès de colère, paroles de dépit que la froide raison regrettait et ne confirmait pas !

Souvent la politique française manqua de la continuité de vues qui imagine les grands desseins, de la persévérance qui les rend féconds, du sang-froid, condition essentielle du succès. Doit-on accuser les hommes, menés par les événements qu'ils auraient dû diriger ? Gambetta, Jules Ferry, Goblet, Waddington, parmi les morts, M. de Freycinet, M. Ribot, M. Hanotaux, parmi les vivants, furent de grands serviteurs de la patrie. Caton, sans aucun doute, leur eût reproché des erreurs d'appréciation et des erreurs de conduite. *Errare humanum est*. Tous les hommes, même les diplomates, sont faillibles. Qu'on compare plutôt la trop nombreuse cohorte d'hommes politiques qui pendant ces vingt douloureuses années, siégèrent au Quai d'Orsay ou à la Présidence du Conseil au pitoyable attelagei qui, depuis le renvoi de Bismarck, traîne le char impérial allemand ! De 1880 jusqu'à la fin du xix° siècle, la barque française était cahotée dangereusement par les ouragans de l'intérieur et par la houle du large. Les ministres passaient et repassaient sans pouvoir donner leur mesure. Il n'est point de régime politique en tous points parfait ; les républiques, comme les monarchies autocratiques ou démocratiques, ont leurs défauts.

L'Angleterre était logée à la même enseigne. Sous le haut contrôle d'une reine illustre deux politiques : le *home rule* et le conservatisme, et deux hommes politiques de tout premier ordre : Gladstone et Salisbury, dirigeaient ses destins. Entre *home rulers* et conservateurs s'opérait un chassé-croisé assez peu conforme aux traditions anglaises qui faisait parfois de Parnell l'arbitre de la Chambre des Communes. Quand les libéraux étaient usés, les conservateurs les remplaçaient ; quand les conservateurs ployaient sous le faix des rancunes démocratiques, les libéraux rentraient à Downing Street. A l'intérieur même des deux partis constitutionnels la discorde régnait. La droite admirait lord Northcote, la gauche était groupée autour de lord Randolph Churchill, père illustre et remuant d'un fils qui ne l'est pas moins. Bientôt la querelle irlandaise rompit les rangs du libéralisme. Un quatuor d'hommes considérables : lord Hartington (le futur duc de Devonshire qui, aux côtés de Joseph Chamberlain, siégea dans le cabinet Balfour), Joseph Chamberlain, lord James of Hereford et Mr. Goschen passa le *gangway* et forma l'aile gauche ou libérale-unioniste du parti tory. Lord Salisbury put s'établir à demeure au Foreign Office où le marquis de Lansdowne devait le remplacer en 1900.

La fermeté devint la qualité essentielle de la politique anglaise. L'histoire assigne à Gladstone une place de choix parmi les hommes politiques les plus nobles qui aient jamais gouverné un pays. Le *grand old man* aimait la « petite Angleterre » qu'il voulait rendre plus grande et plus forte. Son cœur battait pour les Anglais modestes que les reliques de « la période chaotique de la grande industrie » maintenaient dans une condition voisine du servage. Il sympathisait avec les chrétiens d'Orient opprimés par le Turc que n'appuyait pas encore l'empereur allemand. Aux Boers « à qui on avait fait du mal » et qui avaient fait du mal à Majuba Hill il montra de la générosité. Il évacua le Soudan, momentanément conquis, que le sirdar Kitchener devait reconquérir plus tard au prix de mille efforts. Sans doute eût-il fait avorter le conflit naissant entre la France et l'Angleterre. Mais il avait à faire à forte partie et les ministères qu'il présida étaient faibles.

Le marquis de Salisbury qui le combattit personnifiait, intellectuellement et moralement, physiquement même, les vieilles traditions anglaises. Admirez, si un hasard heureux vous conduit dans la grande banlieue de Londres, la très belle statue de bronze que lui a érigée la reconnaissance de ses concitoyens dans le bourg d'Hatfield. Entre la gare où on s'embarque pour la grande ville et la grille en fer forgé de l'imposant domaine familial, Salisbury, homme lourd et massif, la tête légèrement inclinée vers la poitrine, rattache aux traditions vieillissantes les conquêtes de la science moderne. A l'intérieur du castel, le laboratoire de chimie voisine avec le cabinet des incunables. Maintenir : telle était la devise du puissant ministre. Il savait plier au bon moment : c'est ce qui fit de lui un homme d'Etat. Ramer contre le courant était son plaisir ; le devoir lui commandait, quand le courant devenait irrésistible, de lâcher l'aviron et de gouverner en dérivant. Et l'illustre Cecil était l'homme du devoir.

Rudes étaient les sentiers impérialistes et coloniaux dont on lui avait appris les méandres ; l'Angleterre seule y pouvait marcher. Lord Granville qui les connaissait aussi avait mandé à l'ambassadeur britannique à Berlin : « Bien que l'autorité de l'Angleterre n'ait été proclamée sur aucun point, l'affirmation par un gouvernement étranger d'un droit de souveraineté ou de juridiction serait considérée comme une atteinte au droit légitime de l'Angleterre. » Ces théories absolues avaient effarouché les coloniaux allemands. « Il ne peut nous être indifférent, écrivit le comte Hatzfeldt au comte Munster, le 2 août 1884, que les territoires encore indépendants du Pacifique soient considérés comme annexes naturelles de l'Australie et que soient proclamées nulles et non avenues les acquisitions faites par d'autres, parce qu'une occupation anglaise est peut-être envisagée. » L'acte de Berlin, du 26 février 1885, abrogea ces conceptions excessives en exigeant que la prise de possession de terres coloniales soit précédée d'une occupation effective.

Une telle politique, représentée par un tel homme, devait avoir et eut des effets désastreux sur les relations franco-anglaises. Le tempérament absolu de lord Salisbury se heurta au tempérament moins absolu, mais peu élastique, des hommes d'Etat français. Monopole anglais, disait le Premier Ministre anglais. Place pour tous au soleil, répondit l'écho venu de France. Un tiers jaloux assistait au combat, mesurant les coups et attisant le feu. Ingénuement la France et l'Angleterre donnèrent dans le piège tendu par Bismarck ; quand sur le tard elles s'aperçurent de l'erreur, le mal était fait. *Sero medicina paratur*, a dit le vieil Ovide qui ne « prit ses grades » ni à Bonn ni à Giessen.

« Bismarck, écrivit le *Times* dans son numéro du 12 avril 1904 — plus de vingt ans après le début des querelles — se servit de diverses questions, surtout de la question d'Egypte, pour éloigner l'une de l'autre les deux démocraties occidentales qu'aurait dû unir ensemble une étroite communauté d'institutions et de sentiments. Il n'oublia jamais que, d'accord avec la Russie, nous avions garanti en 1875 la France contre une nouvelle attaque allemande. La question d'Egypte fut pour lui un prétexte permanent dont il usa avec une habileté consommée. »

Les difficultés commencèrent en 1881 quand, obéissant à une suggestion anglaise, la France s'installa dans la régence de Tunis. Tunis était, à son avis, la contre-partie de Chypre acquise en 1878 par l'Angleterre. Cet avis n'était pas partagé à Downing Street. Le désaccord commençait. En Egypte, le khédive Tewfick Pacha avait remplacé en juin 1879 son père, Ismaïl le prodigue, que les Puissances avaient prié de retourner à ses chères études. La situation était restée intolérable. Le parti nationaliste était en ébullition et le colonel Arabi Pacha entretenait l'agitation dans les milieux militaires. L'Europe ne reconnaissait pas et ne pouvait pas, sans sacrifier ses intérêts capitaux, reconnaître l'assemblée des notables qui prétendait au droit de voter les budgets de dépenses.

Il fallut intervenir. Le 7 janvier 1882, la France et l'Angleterre remirent au gouvernement khédivial une note conjointe, énergique en lointaines menaces, qui témoignait de leur méfiante impuissance. Infiniment respectueux des canons, des cuirassés et des régiments, les pachas ottomans dédaignèrent ces bombes en papier. Quand Gambetta manifesta son intention d'intervenir, la Grande-Bretagne se déroba. M. de Freycinet qui lui succéda était d'humeur pacifique. Quand de nouveaux massacres eurent ensanglanté les ports égyptiens et que les Puissances eurent fait de solennelles protestations de désintéressement, la flotte anglaise bombarda Alexandrie ; les bâtiments français se terrèrent à Port-Saïd. D'Alexandrie à la capitale des Pharaons le chemin n'est pas long. L'Angleterre s'installa au Caire, aux côtés du sultan de Constantinople qui avait retenu quelques vagues miettes de souveraineté et du khédive, livré pieds et poings liés à l'arbitraire aveugle de ses conseils militaires et à l'arbitraire intelligent des agents britanniques. L'occupation était louable parce que désintéressée ; elle sera longue parce que l'humanité et l'intérêt de la civilisation commandaient d'achever l'œuvre commencée.

Bientôt la France qui se prétendait lésée dans ses droits parla d'évacuation. Une convention élaborée par Gladstone et Waddington en fixa la date au 1er janvier 1888 ; l'arrangement financier qui y était lié la fit échouer. Le marquis de Salisbury se montra tolérant. Le 3 novembre 1886 Waddington transmit à M. de Freycinet ces déclarations du châtelain d'Hatfield :

« On se trompe grandement chez vous lorsqu'on croit que nous voulons rester indéfiniment en Egypte ; nous ne cherchons que les moyens d'en sortir honorablement. Nous sommes décidés à évacuer ; mais nous demanderons à l'Europe de fixer un terme pendant lequel nous aurions le droit de rentrer en Egypte si de nouveaux désordres y éclataient. Il y aura nécessairement une période de transition à surveiller, avant que l'Egypte puisse être abandonnée à elle-même. »

Déjà la question s'embrouillait : le contrat d'évacuation devait inclure la prévision d'un retour éventuel. Le traité Drummond Wolff, négocié entre les cabinets de Londres et de Constantinople, stipula que les troupes anglaises évacueraient l'Egypte trois ans après la signature, mais ne limita pas le délai du retour possible. Ni la Porte ni la France n'admirent cette omission. Si l'Angleterre était dans son droit en insistant sur la possibilité d'un retour, la France et la Turquie n'avaient pas tort quand elles exigeaient une limitation de cette hypothèque indéfinie. M. Ribot demanda que fût déterminé « un délai raisonnable ». Bientôt la situation s'aggrava. Les luttes contre le mahdi entraînèrent de gros sacrifices en vies humaines et en argent. Profitant d'un court passage aux affaires, lord Rosebery refusa d'envisager la possibilité même d'une évacuation. Après d'interminables discussions qui avaient duré plus de dix ans, la question arriva au point mort. On ne s'entendit plus ; on se comprenait moins encore. Les conversations cessèrent ; les injures commencèrent et, avec elles, les sottes représailles. Qu'il eût été préférable de causer amicalement, de faire jaillir du choc des opinions la pleine lumière et de clore l'irritante controverse !

Dans une dépêche qu'il adressa le 8 avril 1904 à sir E. Monson, son ambassadeur à Paris, le marquis de Lansdowne exposa, en ces termes simples et parfaitement exacts, la prosaïque vérité :

Au point de vue anglais, l'histoire récente n'offre pas d'épisode plus remarquable que l'établissement et le progressif développement de l'influence anglaise en Egypte. Considérée tout d'abord comme devant être temporaire, notre occupation dans ce pays fut consolidée par la force des choses. Sous la direction du fonctionnaire éminent qui, pendant vingt ans, y représenta le gouvernement de Sa Majesté, l'Egypte avança à pas rapides sur le chemin de la prospérité financière et matérielle. La destruction du pouvoir du mahdi et l'annexion du Soudan ont raffermi notre influence et notre occupation.

De l'Egypte, déchirée par les factions intestines et livrée aux oiseaux de proie de la finance cosmopolite, lord Cromer fit un pays prospère et heureux ; ses substantiels rapports administratifs en mesurèrent périodiquement les progrès. La France regretta d'autant plus amèrement son effacement de 1882.

Enfin, l'excès du mal en amena la guérison. En octobre 1898 le sirdar Kitchener se heurta à Fachoda à la vaillante cohorte d'officiers français qui entourait le colonel Marchand. Le long silence des diplomates risqua de provoquer une guerre criminelle. On dut causer ; ce fut le salut. La France céda. La conversation manqua de cordialité. Au banquet du lord maire, le 4 novembre 1898, lord Salisbury prononça ces paroles peu réconfortantes :

Je ne désire pas qu'on tire un malentendu de mes paroles en croyant que j'ai dit que toutes les causes de controverse ont été écartées par là entre le Gouvernement français et nous-mêmes. Il n'en est probablement pas ainsi, et j'avance que nous aurons beaucoup de discussions à l'avenir.

La raideur du grand diplomate conservateur renchérissait sur l'intransigeance de lord Rosebery. Discussions et disputes ne sont pas synonymes. Des amis intimes peuvent différer d'opinion sans que leur amitié en souffre. Moins ardente que son chef, l'opinion publique anglaise étudia le bilan et médita les graves leçons de l'énervante querelle. Le champ de bataille diplomatique —

il aurait pu changer de nature — était jonché de morts et de blessés. Les morts, c'étaient les pertes irréparables ; les blessés, c'étaient les intérêts compromis dont il était possible encore de sauver des parcelles.

Sur tous les points du globe, les intérêts anglais et français se touchaient, se pénétraient, se heurtaient. La querelle s'était étendue à ceux-là mêmes qui étaient étroitement solidaires. Parfois la diplomatie hargneuse de lord Salisbury et la diplomatie méfiante des ministres français avaient effleuré, sans les approfondir, les solutions nécessaires. Très timidement le faible traité du 14 juin 1898, dans lequel les Anglais voyaient un échec, avait réglé les graves problèmes d'aujourd'hui et les plus graves problèmes de demain que soulève la présence des Français dans le bassin du Niger et dans l'Afrique septentrionale. Le statut du Congo manquait de précision. Marais sans valeur où règnent la mouche tsétsé et la maladie du sommeil, disaient les contempteurs des possessions exotiques. Centre de production d'où demain peut-être nous tirerons les ballots de coton brut que les Etats-Unis ne pourront ou ne voudront plus nous fournir, répondirent les « coloniaux » avisés.

En Abyssinie, tombeau provisoire des ambitions italiennes, se poursuivait l'âpre et ténébreuse concurrence d'intérêts financiers divergents. Dans le traité anglo-allemand du 1er juillet 1890, lord Salisbury avait « oublié » que la France avait quelques droits à Zanzibar. La France n'avait pas, dit-on, tenu compte des intérêts anglais quand elle annexa Madagascar. Le sort des Nouvelles-Hébrides multipliait les froissements entre ressortissants anglais et français. Les ambitions des deux pays s'affrontaient dans le *Far East* asiatique où l'Indo-Chine française et le superbe empire anglais se développaient de jour en jour. Il en était de même au Siam où, en 1893, des navires français étaient allés saluer Bangkok la marécageuse.

A Terre-Neuve, la situation était devenue intolérable entre les indigènes d'allégeance britannique et les bénéficiaires du *French Shore* ; le homard qui est un crustacé peut-il être capturé par le possesseur du droit de pêche ? Le droit de pêcher la morue implique-t-il le droit d'acheter et l'obligation correspondante de vendre la boëtte, appât nécessaire de cette pêche ? De la solution de ces deux questions, futiles en apparence, dépendait le sort de milliers de pêcheurs bretons et la tranquillité des Terre-Neuviens d'origine. Les diplomates n'avaient-ils pas, pendant trois quarts de siècle, discuté cette question formidable : Les phoques sont-ils ou ne sont-ils pas des animaux domestiques ? Les Etats-Unis l'avaient affirmé gravement ; la Grande-Bretagne l'avait nié ; et un arbitrage amiable avait concilié leurs affirmations contradictoires.

C'étaient là des procès en cours dont les juges pouvaient hâter la solution. Le mal, de ce côté, n'était pas irréparable.

La longue querelle avait eu des conséquences néfastes dans d'autres domaines. La France était brouillée avec l'Italie qui regrettait Tunis et avec l'Espagne qui convoitait le Maroc. Il semble qu'une convention défensive ait été signée entre la Grande-Bretagne et les deux puissances latines. Le 7 décembre 1894, le baron Blanc, ministre des Affaires étrangères du royaume d'Italie, y fit allusion :

La solidarité de la politique des deux Puissances (l'Angleterre et l'Italie) dans les affaires d'Egypte est complète ; or, toutes les questions d'Afrique étant connexes, cette communauté d'intérêts a aussi un caractère général pour les questions se rattachant aux communications de la Méditerranée avec l'intérieur de l'Afrique, en tant que celles-ci restent confiées aussi bien au Gouvernement ottoman qu'au sultan du Maroc (1).

Il semble prouvé, écrit Mr. Keith Feiling (2), qu'une convention fut signée en 1887 entre l'Italie et la Grande-Bretagne, par laquelle celle-ci s'engageait à protéger contre la France les intérêts italiens dans la Méditerranée.

---

(1) Cité dans *Questions actuelles de politique étrangère en Europe*, Paris, 1907, page 24.

(2) *Italian policy since 1870, Oxford Pamphlets* 1914, page 7.

S'ajoutant à la Triple-Alliance austro-italo-allemande, entre laquelle et l'Angleterre l'Italie faisait le trait d'union, cette Triple-Alliance maritime complétait l'isolement de la France et, à un degré moindre, l'isolement de la Russie.

Comme toute peine mérite salaire, l'Italie demanda et obtint un à-compte. Londres lui permit d'acquérir Massaouah, de pousser une pointe vers l'Ethiopie, d'empiéter sur la terre des Somalis... et de se faire battre, le 1er mars 1896, à Adoua. Rapidement elle s'aperçut, dans ses relations avec la France, que la rancune est mauvaise conseillère. Tout d'abord, une formidable lutte douanière multiplia les ruines. Répondant du tac au tac, la France retira ses capitaux et précipita l'Italie dans une grave crise financière. Celle-ci se vengea. Quand, en 1891, la Triple-Alliance fut renouvelée, elle s'engagea à envoyer éventuellement par le Tyrol deux corps d'armée contre la France. Satisfaction d'amour-propre ? Sans doute. Crime de lèse-patrie aussi, car le Tyrol autrichien nourrit des populations de race latine et le Trentin est voisin. Au lendemain de cet engagement, qui disparut depuis lors, le marquis Visconti-Venosta s'aperçut que la politique gallophobe de Crispi était contraire aux intérêts italiens. Des préliminaires de paix furent signés : la convention de 1896 régla le sort des Italiens en Tunisie et le traité de commerce de 1898 rétablit les échanges de marchandises. De ce côté, le mal était non seulement réparable, il était réparé.

L'Anglais de bon sens, *the man in the street*, dont les perceptions sont lentes mais profondes se mit à réfléchir aux causes du conflit franco-anglais. Aussitôt il écarta la question d'Egypte qu'un peu de bonne volonté de part et d'autre eût réglée en un tour de main. L'excitation était venue d'Allemagne. L'Allemagne y avait donc un intérêt ; car, même en politique, nulle action n'est sans cause. La maxime : *Is fecit cui prodest* ne s'applique pas seulement en droit pénal. On chercha, et on trouva cet intérêt allemand qui n'était pas conforme, mais contraire aux intérêts anglais.

Bismarck, jusque vers 1883, avait abhorré les aventures coloniales qu'il conseillait aux autres. A peine avait-il, sous la poussée de l'opinion publique, consenti à créer « des comptoirs et non pas des provinces ». Il changea d'opinion, au printemps 1884, quand l'Angleterre et la France s'étaient bien enferrées. Le 10 juin 1884, il écrivit à son ambassadeur à Londres :

Je suis et je reste d'avis qu'un système colonial calqué sur le système anglais, comprenant des garnisons, des fonctionnaires et des gouverneurs de la métropole, ne peut nous convenir. Des considérations tirées de nos institutions et de notre situation intérieure s'y opposent. Mais l'Empire devra, dans la mesure de ses forces, accorder sa protection même aux entreprises de ses ressortissants qui impliquent des acquisitions territoriales.

Le 19 août suivant, il précisa les conditions de cette protection :

Nous accordons cette protection partout où elle nous est demandée, pourvu que les entreprises à protéger soient situées en terre non encore occupée, qu'elles soient appuyées sur des titres légaux et ne lèsent aucun droit tiers.

C'était l'équité même. En octobre 1883, la *Carola* hissa le drapeau allemand sur le port d'Angra Pequena, dans l'Afrique occidentale allemande. La rafle des terres vacantes commença. En 1884 suivirent le Togo et le douloureux Cameroun, en 1885 l'Afrique orientale. Les marins firent ensuite la cueillette dans l'Océan Pacifique. En mars 1898, l'Allemagne afferma pour une durée de quatre-vingt-dix-neuf ans Tsing-Tao et les terres situées au nord et au sud du golfe de Kiao-Tchéou ; l'hinterland comprenait une bande élastique et extensible de 50 kilomètres du riche Chantoung. L'occupation était faite à titre précaire. On poussa le srupule jusqu'à en prévoir la cessation en cours de bail. « Si, dit l'article 5 du traité germano-chinois du 6 mars 1898, l'Allemagne désirait, avant l'échéance du bail, rendre à la Chine le golfe de Kiao-Tchéou, celle-ci devrait auparavant rembourser à l'Allemagne les dépenses faites par elle et lui concéder ailleurs un endroit plus approprié. » Singulier locataire, qui dicte ses conditions au propriétaire et subordonne sa jouissance à une clause impossible !

Trois événements d'ordre différent avaient préparé cette poussée allemande : l'avance russe en Mandchourie, les excès de la populace chinoise et les besoins allemands. L'Allemagne avait, avec la France et la Russie, forcé le Japon à évacuer Port-Arthur ; la Chine, dépouillée par les Russes au lieu de l'être par les Japonais, lui devait une commission. Quelques missionnaires allemands ayant été massacrés dans le Chantoung, l'évêque du lieu réclama, en novembre 1897, la protection de l'Empire. Le « vieux bon Dieu » combattait déjà sous les drapeaux teutons. Jusque vers la fin du XIXe siècle, les rares ressortissants allemands qui exploitaient la Chine avaient vécu dans les enclaves européennes. Cette hospitalité parut « peu conforme à la situation prépondérante du commerce allemand en Chine....., humiliante pour le prestige impérial....., insuffisante pour fortifier, aux yeux des Chinois, le germanisme (*Deutschtum*) (1) ». Voilà pourquoi une flottille allemande avait longé les côtes chinoises en quête d'une proie facile. Kiao-Tchéou fut choisie, non pas

---

(1) Mémoire de la chancellerie de l'Empire du 23 mars 1898. Cp. les déclarations faites par M. de Bulow à la séance du Reichstag du 8 février 1898.

parce que quelques missionnaires y avaient subi le martyre, mais parce qu'elle répondait aux intérêts « vitaux » de l'Empire.

Plus près de nous, en Turquie, en Syrie, en Mésopotamie se poursuivait la pénétration pacifique et économique de l'Allemagne. Au Vénézuéla de hautes complicités financières et politiques suivaient des intrigues qui procurèrent dans la suite quelques désillusions. « Les lauriers coloniaux, avait dit un économiste teuton, croissent avec lenteur. » On le sait ailleurs qu'à Berlin. La Grande-Bretagne surveillait avec sollicitude le lent travail du jardinier qui les plantait. Fin 1899, l'Allemagne possédait 2,658,160 kilomètres carrés de terres coloniales. C'était un bon début. Les adversaires des Peters, des Luederitz, des Nachtigal, des d'Arenberg et autres Dernburg prétendaient que les colonies allemandes étaient « de chétifs poussins que la Grande-Bretagne laissait vivre par pitié ». Partout où flottait le drapeau de l'Empire, l'Angleterre avait des sentinelles : Zanzibar voisine avec l'Afrique orientale allemande, Tonga avec Samoa, Bénoué et le pays des Achantis avec le Cameroun et Togo, Wei-Hai-Wei avec Kiao-Tchéou. Ces colonies étaient des otages, mais des otages qui déplaisaient.

A ces conquêtes territoriales s'étaient jointes des conquêtes industrielles et commerciales qui inquiétaient plus encore la métropole du commerce mondial. Ces quelques chiffres les mesurent (1) :

I. — *Commerce extérieur allemand.*

	1899	1890
Importations. . . . Fr.	7.229.500.000	5.341.100.000
Exportations.	5.460.500.000	4.262.000.000
Commerce total. Fr.	12.690.000.000	9.603.100.000

II. — *Commerce extérieur anglais.*

	1899	1890
Importations. . . Fr.	12.222.000.000	10.609.200.000
Exportations.	6 426.000.000	6.627.600.000
Commerce total. Fr.	18.648.000.000	17.236.800.000

La marge était respectable : 6 milliards au commerce total ; mais elle était menacée. En dix ans, les importations allemandes avaient gagné 1 milliard 888 millions ou 35,3 0/0, les exportations 1 milliard 198 millions ou 28,1 0/0, le commerce total 3 milliards 86 millions ou 32,1 0/0. La Grande-Bretagne avait progressé de 1 milliard 612 millions ou 15,2 0/0 aux importations et de 1 milliard 411 millions ou 8,2 0/0 au commerce total ; ses exportations avaient perdu quelques centaines de millions.

---

(1) Le mark est compté pour 1 fr. 25, la livre sterling pour 25 fr. 20.

Sa prépondérance commerciale était en cause ; de même sa suprématie maritime et sa situation de grande Puissance. La marine allemande comptait 28,326 marins et 97 bâtiments de tous ordres dont 12 cuirassés ; en cinq ans, les budgets ordinaire et extraordinaire de la marine avaient progressé de 107,725,000 à 152,384,000 de francs (1900). L'énorme majoration de 44 millions — 41 0/0 — n'était pas destinée uniquement à fournir à l'empereur d'imposantes escortes dans ses voyages innombrables. Basées sur un effectif de paix de 600,516 officiers, sous-officiers et soldats, les dépenses ordinaires et extraordinaires, permanentes et transitoires du budget de la guerre pour l'exercice 1900 étaient fixées à 799,815,000 de francs — 148,276,000 de francs ou 22 0/0 de plus qu'en 1896. C'était la course aux armements, et Guillaume II était grand favori.

Conquêtes coloniales, victoires industrielles et commerciales, armements militaires et navals avaient un but. Le mécréant qui s'aventure dans la nuit noire avec quelques brownings, un « eustache » et un coup de poing américain n'a pas l'intention de faire une promenade inoffensive. Les énormes charges militaires que, après l'Allemagne, tous les peuples devaient subir n'étaient pas, comme le pensaient à l'époque quelques bons apôtres pacifistes, des primes d'assurance contre la guerre. Le régime de la paix armée préparait la guerre. La paix armée ! Les deux mots jurent de se trouver accouplés ; de même qu'il n'y a pas de guerre pacifique, il n'y a pas de paix armée.

Vers la fin du XIXe siècle, l'opinion publique anglaise, en avance sur l'opinion des gouvernants, entrevit la cruelle vérité. L'action immédiate fut reconnue nécessaire. Les circonstances s'y prêtèrent.

Le marquis de Lansdowne venait de s'installer au Foreign Office qu'avait géré dignement et durement le marquis de Salisbury. Libre de ses mouvements, il pouvait donner les coups de barre que l'état de la mer commandait. Assis sur les marches du trône qu'il ne convoitait pas, Edouard VII consultait la boussole et méditait les leçons de sa longue et diligente expérience ; en 1901 il devint roi d'Angleterre et empereur des Indes. Cantonné strictement dans ses prérogatives constitutionnelles, il dirigea jusqu'à sa mort prématurée la politique européenne. Son règne fut un des plus courts, mais aussi un des plus glorieux de toute l'histoire britannique. Ses contemporains l'appelèrent *peacemaker*, faiseur de paix ; nul, plus que lui, ne mérita ce glorieux surnom. Il eut l'habileté diplomatique des Talleyrand et des Bismarck ; il n'imita ni leurs brutalités ni leurs procédés souvent douteux. Il se fit détester cordialement par le parti allemand de la guerre : ce fut là son plus beau succès.

Au Quai d'Orsay, d'heureux hasards de la politique avaient fait entrer, quelques années plus tôt, un homme d'Etat au patriotisme avisé qui eut la bonne fortune d'y pouvoir rester sept ans. Il ne nous sied pas, et il serait inutile de faire l'éloge de M. Delcassé. Les grands diplomates relèvent de l'histoire. Et il semble bien que celle-ci ait déjà suffisamment réhabilité la victime des malentendus regrettables de juin 1905 et des insultes abominables des incendiaires de Louvain. Après avoir très brillamment servi la France au Parlement et à l'ambassade de Saint-Pétersbourg, l'auteur de l'entente franco-anglaise a été appelé au pouvoir pour engranger la moisson qu'il avait semée dans la douleur. Aux fruits on connaît l'arbre ; aux actes on connaît les diplomates.

« Je ne voudrais pas sortir d'ici, avait dit M. Delcassé au début de son long ministère, au lendemain de Fachoda, je voudrais ne pas quitter ce fauteuil sans avoir rétabli la bonne entente avec l'Angleterre (1). » En janvier 1899, il fit connaître au Parlement la règle essentielle de sa politique : « Toujours calme et toujours digne, la France reste prête à tout examiner, à tout discuter, avec

---

(1) Victor Bérard, *La France et Guillaume II*, page 21.

l'esprit de transaction qui est la loi même de toute politique prévoyante, avec la volonté de ne rien prétendre que son droit, mais avec la conscience aussi que son droit n'est à la discrétion de personne. » Paroles fières et patriotiques qui ne pouvaient offenser personne et allèrent droit au cœur de la France ! Le marquis de Lansdowne en dit, quelques années plus tard, de semblables à ses concitoyens.

Aussitôt les peuples préparèrent les voies aux diplomates. Même aux plus mauvais jours de la querelle, ils n'avaient jamais cessé de s'estimer; ils réapprirent à se connaître. Les manifestations publiques et privées de l'entente cordiale se multiplièrent ; chambres de commerce, municipalités, corps savants se rendirent visite. Il y eut des rencontres délicieuses, des épisodes charmants. Voulant faire comme tout le monde et mieux que bien du monde, un excellent maître du barreau parisien décida de s'enquérir sur place des sentiments anglais, de découvrir et de conquérir peut-être Albion. Il feuilleta une grammaire élémentaire, parcourut sans les comprendre entièrement quelques pages de Thackeray, reçut de bonnes leçons d'une « miss » respectable et grisonnante. La traversée fut heureuse. Un dîner copieux l'attendait à Northumberland Street ; le *cabman* le conduisit à St-Johns Wood. Le *liftboy* le monta aux combles, au lieu de l'arrêter à l'entresol. L'achat d'un *cabinet* (petit meuble de coin) donna lieu à des démarches innombrables et à des conversations sans fin. « Je suis perdu, dit-il, les Français ne me comprennent plus ; les Anglais ne me comprennent pas encore. » Il se trompait. Anglais et Français comprirent le langage qui, venu du cœur, allait au cœur, et ils comprirent aussi les graves intérêts qui les poussaient les uns vers les autres.

Ces belles accordailles durèrent plusieurs années. En mai 1903, Edouard VII vint à Paris pour les célébrer solennellement ; peu après, le président Loubet se rendit en Angleterre. « Il était accompagné, écrivit le marquis de Lansdowne (1), par l'homme d'Etat distingué qui a dirigé si longtemps le ministère français des Affaires étrangères. La présence de M. Delcassé fournit au gouvernement de Sa Majesté l'occasion de procéder à un échange complet et franc d'idées. » Il apparut que l'accord, ouvertement désiré par les deux peuples, était mutuellement avantageux et, ce qui plus était, d'une réalisation possible.

On causa ensuite pendant un an ; le marquis de Lansdowne causa avec l'éminent représentant de la France près la Cour de Saint-James ; sir E. Monson causa avec M. Delcassé. Les sujets de conver-

---

(1) Dépêche de lord Lansdowne à sir E. Monson, du 8 avril 1904.

sation étaient nombreux ; on choisit les questions dont la solution était particulièrement importante et ne pouvait attendre. La situation de la France au Maroc et celle de l'Angleterre en Egypte étaient de ce nombre. De bon cœur, sinon sans regrets, la France était prête à cesser son opposition à l'occupation anglaise en Egypte ; l'Angleterre était disposée à y garantir les graves intérêts financiers, économiques, scientifiques et même politiques de la France.

Voisine du Maroc où, depuis des années s'opérait une féconde pénétration pacifique, la France y possédait des intérêts capitaux. Dans le passé lointain et au cours de la brouille de 1880 à 1900, la Grande-Bretagne avait pris pied au pays du maghzen ; elle n'y avait trouvé que des déboires. Elle était prête à reconnaître les droits spéciaux de la France. Avec une louable franchise, lord Lansdowne enregistra ces dispositions favorables (1) :

Depuis de longues années la situation du Maroc est peu satisfaisante et même dangereuse. Dans une grande partie de ses domaines le sultan règne nominalement et ne gouverne pas en fait. La vie et la propriété sont menacées ; les ressources du pays sont en friche ; le commerce, bien que progressant toujours, souffre de ces conditions politiques.

---

(1) Dépêche de lord Lansdowne à sir E. Monson, du 8 avril 1904.

Sous tous ces rapports, la situation du Maroc contraste avec la situation de l'Egypte. Bien que des efforts louables aient été tentés pour venir en aide au sultan, leur résultat est médiocre ; les prévisions d'avenir sont aujourd'hui moins brillantes que jamais. Il n'est pas probable que les conditions du Maroc puissent être sensiblement améliorées sans l'intervention d'une puissance forte et civilisée.

Il est logique que, dans ces circonstances, la France ait cru de son devoir de tenter la régénération du pays. Sur une étendue de plusieurs centaines de milles, ses frontières joignent les frontières du sultan. De temps à autre, elle dut, au prix de mille difficultés et à grands frais, agir militairement pour mettre fin au trouble semé parmi les tribus avoisinant les frontières algériennes ; nominalement sujettes au sultan, ces tribus jouissent d'une indépendance absolue.

Le commerce franco-marocain, y compris celui qui s'exerce à travers les frontières communes, est important et peut, à son avantage, être comparé au nôtre. C'est pourquoi, sans vouloir en aucune façon annexer les terres ni miner le pouvoir du sultan, la France désire étendre son influence au Maroc. Elle est prête à faire des sacrifices et à assumer des responsabilités pour mettre fin aux conditions anarchiques qui règnent sur sa frontière algérienne.

Le Gouvernement de Sa Majesté n'est disposé ni à assumer ces responsabilités ni à faire ces sacrifices. C'est pourquoi il admet que, *si une puissance doit avoir au Maroc une influence prépondérante, ce doit être la France.*

Cette admission franche et loyale couronne l'œuvre pacifique des administrateurs français et récompense les concessions que les négociateurs de 1903-1904 durent faire sur d'autres points du globe. Elle est subordonnée à trois conditions que la dépêche de lord Lansdowne résume en ces termes :

Le Gouvernement de Sa Majesté n'ignore pas les intérêts britanniques au Maroc que tout accord entre l'Angleterre et la France doit sauvegarder.

Le premier de ces intérêts consiste dans les facilités qui doivent être accordées à notre commerce et au commerce des autres pays..... Le Gouvernement de Sa Majesté se serait refusé à tout accord qui aurait compromis des droits et fermé aux entreprises britanniques les avenues commerciales.

La deuxième condition que le Gouvernement de Sa Majesté considérait comme essentielle a été acceptée de bon gré par le Gouvernement français. Elle concerne les parties du littoral marocain, sur lesquelles, du commun désir des deux gouvernements, aucune puissance ne peut s'établir ni ériger des fortifications ou des ouvrages stratégiques d'aucun genre.

Comme il fallait s'y attendre, l'intérêt de l'Espagne, membre de la Triple-Alliance anglo-italo-espagnole, constitua la troisième condition. Lente, très lente à s'engager, Albion est bonne payeuse et ne laisse jamais protester les traites qu'elle a souscrites. Lord Lansdowne décrit en ces termes les charges espagnoles qu'il entend faire endosser par la France :

La reconnaissance adéquate et satisfaisante des intérêts politiques et territoriaux de l'Espagne au Maroc a été de tout temps, dans l'opinion du Gouvernement de Sa Majesté, une condition essentielle du règlement de la question marocaine. L'Espagne a des possessions sur la côte marocaine. Chez le Gouvernement et chez le peuple d'Espagne, le voisinage de l'empire chérifien a fait naître l'espoir qu'il sera tenu compte des intérêts espagnols dans un règlement intéressant l'avenir du Maroc.

Le règlement de l'affaire marocaine fut, au point de vue français, la partie capitale de l'arrangement à intervenir.

De toutes les questions où sont engagés les intérêts de la France, aucune, en effet, n'a une importance comparable à la question marocaine ; il est évident que, de sa solution, dépendaient la solidité et le développement de notre empire africain et l'avenir même de notre situation dans la Méditerranée (1).

L'entente sur l'Egypte et sur le Maroc ayant été parfaite dès la première heure, le règlement des questions secondaires ne pouvait donner lieu à de graves difficultés. Le 8 avril 1904, M. Cambon et lord Lansdowne signèrent les trois actes diplomatiques qui constituent l'accord franco-anglais : une convention concernant Terre-Neuve et l'Afrique ; une déclaration concernant l'Egypte et le Maroc ; et une déclaration annexe concernant le Siam, Madagascar et les Nouvelles-Hébrides.

La convention concernant Terre-Neuve et l'Afrique est un véritable traité synallagmatique portant cession et acquisition de droits appartenant aux puissances signataires. La déclaration concernant le Siam, Madagascar et les Nouvelles-

____

(1) Dépêche aux ambassadeurs de la République.

Hébrides n'est, suivant l'expression heureuse de M. Victor Bérard (1), « qu'un apurement ou une promesse d'apurement, une équitable balance, une amicale annulation de créances périmées. » Dans la déclaration concernant l'Egypte et le Maroc, la France et l'Angleterre discutent et disposent de droits qui ne leur appartiennent pas. L'Egypte reste nominalement une dépendance de l'Empire ottoman; le Maroc continue d'appartenir, nominalement aussi, en grande partie, au sultan de Fez. Tandis que celle-là obéit en fait au haut commissaire anglais et jouit d'une prospérité considérable, celui-ci suit les traditions des anciens Berbères et repousse l'aide étrangère. Les puissances tierces s'inclinent devant l'occupation anglaise en Egypte, parce qu'elles ne peuvent faire autrement et que leur intérêt l'exige. Qu'une puissance ambitieuse et entreprenante vienne insister auprès du maghzen sur le dangereux parallèle établi entre l'Egypte assujettie et le Maroc encore indépendant, et aussitôt tout l'Empire s'assemblera autour du protecteur bienveillant et désintéressé !

Prévoyant cette éventualité, les signataires de l'accord ont cherché à satisfaire équitablement tous les droits. L'article 2 qui reconnaît les droits

---

(1) *L'Affaire marocaine*, page 141.

spéciaux de la France garantit le *statu quo* politique :

Le Gouvernement de la République française déclare qu'il n'a pas l'intention de changer l'état politique du Maroc. De son côté, le Gouvernement de Sa Majesté Britannique reconnaît qu'il appartient à la France, notamment comme puissance limitrophe du Maroc sur une vaste étendue, de veiller à la tranquillité dans ce pays et de lui prêter son assistance pour toutes les réformes administratives, économiques, financières et militaires dont il a besoin.....

Les droits dont la Grande-Bretagne jouit au Maroc en vertu de traités, de conventions et d'usages sont expressément sauvegardés. Il en doit être ainsi des droits appartenant aux puissances tierces. L'article 4 établit le principe de la liberté commerciale :

Les deux gouvernements, également attachés au principe de la liberté commerciale, tant en Egypte qu'au Maroc, déclarent qu'ils ne s'y prêteront à aucune inégalité, pas plus dans l'établissement des droits de douane ou autres taxes que dans l'établissement des tarifs de transport par chemin de fer.....
Cet engagement réciproque est valable pour une période de trente ans. Faute de dénonciation expresse, faite une année au moins à l'avance, cette période sera prolongée de cinq en cinq ans.
Toutefois, le Gouvernement de la République française au Maroc et le Gouvernement de Sa Majesté Britannique en Egypte se réservent de veiller à ce que les concessions de routes, chemins de fer, ports, etc., soient données dans des conditions telles que l'autorité de l'Etat sur ces grandes entreprises d'intérêt général demeure entière.

L'article 7 qui interdit « d'élever des fortifications ou des ouvrages stratégiques quelconques sur la partie de la côte marocaine comprise entre Melilla et les hauteurs qui dominent la rive droite du Sébou » intéresse directement l'Angleterre, maîtresse de Gibraltar, et l'Espagne et, indirectement, toutes les autres Puissances. Les droits espagnols sont sauvegardés par l'article 8 ; le traité franco-espagnol du 7 octobre 1904 dont l'interprétation fut si pénible les sanctionna efficacement.

Ce n'est ni dans les mutations territoriales qu'ils opèrent ni dans les transferts d'influence réelle ou hypothétique qu'ils préparent qu'est l'intérêt capital des arrangements du 8 avril 1904. Il importe peu que l'Angleterre ait obtenu plus qu'elle n'a cédé, que la France ait fait une bonne ou une mauvaise affaire. Venant après le traité d'arbitrage franco-anglais du 14 octobre 1903, ils consolident les liens de réciproque amitié. Si la politique n'est pas une affaire de sentiment, le sentiment né de l'intérêt y joue souvent un rôle capital.

Dès le 8 avril 1904, le marquis de Lansdowne insista, dans sa dépêche à sir E. Monson, sur cette considération politique :

Il est nécessaire de considérer ces accords non pas comme constituant une série de transactions particulières, mais comme des parts intégrantes d'un plan général destiné à améliorer les relations internationales de deux grands pays. De ce point de vue, leur effet cumulatif ne peut manquer d'être extrêmement avantageux. Ils tarissent la source de longs malentendus, embarras chroniques pour notre diplomatie et menaces constantes pour une amitié internationale que non sans peine nous avons cultivée et qui, nous l'espérons avec joie, a couvert de son ombre les antipathies et les suspicions du passé..... En écartant par de mutuelles concessions de longues disputes et en reconnaissant avec franchise leurs désirs et leurs aspirations légitimes, les deux puissances ont, croyonsnous, posé un précédent qui accroîtra la bienveillance internationale et consolidera la paix universelle.

L'article 9 de la déclaration concernant l'Egypte et le Maroc comporte l'engagement des deux gouvernements « de se prêter l'appui de leur diplomatie pour l'exécution de la présente déclaration relative à l'Egypte et au Maroc ». Le doigt est mis dans l'engrenage. Cet appui diplomatique limité risquera de franchir ses étroites frontières. De l'appui diplomatique à l'appui militaire et naval il n'est pas loin...

Les Puissances européennes entrevirent aussitôt la très grande portée du rapprochement francoanglais. La Russie le salua avec joie et songea sans doute aussi à l'entente qui, quelques années plus tard, devait l'unir à sa grande rivale en Asie. A Saint-Pétersbourg, le temps n'était pas aux rêveries diplomatiques et aux vastes projets d'avenir. Aujourd'hui suffisait. La campagne mandchourienne battait son plein et les premières opérations avaient été des revers. L'entente cordiale devait rendre bientôt un premier service. La paix régna entre la France, alliée de la Russie, et la Grande-Bretagne, alliée du Japon ; les occasions de la rompre et de provoquer ainsi une catastrophe immense ne manquèrent pas.

L'Italie triplicienne fit preuve de bonne humeur : Alliée de l'Angleterre et alliée de l'Allemagne, elle entendait, comme dans le passé, manger à deux rateliers, tirer profit des deux alliances et de leurs prolongements. Le rapprochement franco-italien avait précédé l'entente franco-anglaise. Vers la fin de l'année 1903, le roi Victor-Emmanuel et la reine Hélène avaient été dignement fêtés à Paris. En avril 1904, après l'entrevue du roi et de l'empereur Guillaume II à Naples et avant le retour de celui-ci en Allemagne, le président Loubet et M. Delcassé furent les hôtes de Rome. Un traité en due forme avait réglé la situation future de l'Italie en Libye et en Tripolitaine et celle de la France au Maroc. L'Italie avait demandé aux Puissances de l'Entente ce que n'avaient pas pu lui donner les Puissances de la Triplice. Elle se livrait à ces joyeux et profitables tours de valse dont M. de Bulow se vanta au Reichstag d'avoir dirigé l'orchestre.

La presse allemande s'inclina en bougonnant devant le fait accompli. « L'entente entre les deux grands pays lui apparut comme un nouvel et puissant élément de paix générale. digne à ce titre du bon accueil de l'Allemagne (1). » Au Reichstag, le 12 avril 1904, l'oracle de Norderney daigna donner son avis. Avant de le donner, une précaution oratoire était nécessaire : « En ma qualité de ministre des Affaires étrangères, j'ai, lorsque je parle ici de politique étrangère, le devoir de ne dire que les choses qui, autant que possible, servent l'intérêt du pays et qui, en tout cas, ne peuvent lui nuire. » Et il ajouta :

Je peux cependant, sur ce point, répondre à l'orateur que nous n'avons aucune raison de supposer que cet accord soit dirigé contre une puissance quelconque. Ce qu'il paraît constituer, c'est une tentative de faire disparaître une série de différends existant entre la France et l'Angleterre au moyen d'une entente amiable. Nous n'avons, au point de vue des intérêts allemands, rien à y objecter ; nous ne saurions, en effet, souhaiter une situation tendue entre la France et l'Angleterre qui serait un danger pour la paix du monde dont nous souhaitons le maintien. En ce qui concerne spécialement le Maroc, qui constitue le point essentiel de cet accord, nous sommes intéressés dans ce pays, comme d'ailleurs dans le reste de la Méditerranée, principalement au point de vue économique. Nous avons là, avant tout, des intérêts commerciaux ; aussi avons-nous un intérêt important à ce que le calme et l'ordre règnent au Maroc. Nous devons protéger nos intérêts mercantiles au Maroc et nous les protégerons. Nous n'avons aucun sujet de redouter qu'ils puissent y être méconnus ou lésés par une puissance quelconque.

---

(1) Dépêche de M. Bihourd à M. Delcassé, du 12 avril 1904.

Des explications de même nature furent données à Bebel qui voyait dans l'accord franco-anglais « un symptome nouveau du croissant isolement de l'Allemagne » et, galamment, le chancelier ajouta : « Lorsqu'on tient absolument à créer des points de friction, on se garde de le proclamer du haut des toits. Peut-être Frédéric-le-Grand commit-il de temps à autre des actes machiavéliques dans sa politique ; mais il avait écrit auparavant son Anti-Machiavel. » Ce rappel était utile, mais peu flatteur pour le pays de la « kultur ». L'Allemagne va s'aventurer dans les tortueux sentiers décrits par l'astucieux sous-ordre des Médicis et, pendant qu'elle commettra ces « actes machiavéliques », elle protestera de sa plus entière bonne foi et de son absolu désintéressement.

CHAPITRE VI

LA CONFÉRENCE D'ALGÉSIRAS ET LE SYSTÈME DES ALLIANCES

SOMMAIRE. — L'entente franco-anglaise et Guillaume II : Le clairon de la guerre ; la neutralité bienveillante de l'Allemagne pendant la guerre russo-japonaise. — La querelle marocaine : Les premières escarmouches ; l'absence de notification ; le discours de Tanger ; les contre-vérités diplomatiques ; l'incident Delcassé. — La conférence d'Algésiras : Son programme ; les promesses allemandes; l'attitude allemande. — L'Allemagne et les Puissances: Le Maroc ; l'Autriche-Hongrie ; l'Italie ; la Russie ; le raffermissement de l'entente franco-anglaise.

Assurer dans la haute politique l'uniformité de vues qui prépare le succès, calmer les ardeurs irréfléchies qui le compromettent, retenir les peuples sur la pente redoutable qui mène à la guerre : tel est, et tel doit être le rôle principal des monarques dans la société contemporaine. Alexandre III fut un souverain pacifique. Nicolas II, son fils, a donné maintes preuves de son amour de la paix. C'est bien malgré lui que les intrigues des Alexéief et des Bézobrazof et les excitations intéressées de l'Allemagne précipitèrent la Russie dans la guerre de Mandchourie. Fin juillet 1914, il résista jusqu'à la dernière extrémité à la poussée belliqueuse qu'avait fait naître l'action « ignominieuse » de l'Autriche-Hongrie contre la Serbie. Deux traits principaux rapprochent le roi George V de son illustre prédécesseur : le respect infini des chartes constitutionnelles et l'ardent amour de la paix.

Dans son *Caligula*, le docteur Quidde, député à la Chambre bavaroise, décrit en ces termes les vices publics de ce tyran épouvantable :

Ce qui élevait parfois Caligula au-dessus de lui-même, c'est le sentiment enivrant de sa puissance, l'idée de se trouver subitement porté au premier rang, le désir de faire quelque chose de grand, et, avant tout, le besoin de briller dans l'histoire du monde. Dans cette transformation extraordinaire de sa vie, il avait l'ambition de se signaler par quelque chose qui, au fond, lui était étranger, le libéralisme et le souci du bien public. Mais en même temps se révélèrent bientôt en lui de dangereux traits de caractère. Il était dépourvu de ce fondement solide que constitue une conception de la vie acquise et développée... dans des luttes intimes ; le ressort principal de ses actes n'était pas le désir de réaliser du bien, mais *l'ambition d'être admiré* pour s'être montré favorable à des revendications populaires, et de faire figure de grand homme devant la postérité ; la caractéristique constante de ses décisions était une précipitation nerveuse qui le portait sans cesse à courir d'une tâche à une autre, à agir par soubresauts et souvent contradictoirement ; à quoi s'ajoutait une tendance éminemment dangereuse à tout vouloir faire par lui-même (1).

---

(1) *Caligula*, Étude d'un cas de folie césarienne à Rome, par le docteur Ludwig Quidde. Traduction du journal *L'Information*, numéro du 11 décembre 1914.

Ce portrait ne peut s'appliquer à Guillaume II. Caligula régna de l'an 37 à l'an 41 et mourut fou ; l'empereur allemand règne depuis 1888 et n'est pas mort. Le « vieil empereur » du premier siècle s'appelait Tibère, le prince-soldat « prématurément enlevé à son peuple » avait nom Germanicus ; auprès des deux régnaient la « fière » Agrippine et le tout-puissant ministre Macron, disgrâcié au début du nouveau règne. L'Allemagne eut Guillaume Ier, « l'inoubliable grand-père », Frédéric le Noble, l'impératrice Victoria, Bismarck. Des esprits chagrins, des millions d'Allemands et la cour de Berlin se sont efforcés, en vain sans doute, à établir un impossible parallèle entre le tyran romain et l'auteur de la guerre de 1914.

Guillaume II a une conception personnelle de son rôle d'empereur et de roi. Il attise le feu, au lieu de le circonscrire. Le souvenir des Hohenstaufen, de néfaste mémoire, le hante le jour et trouble ses nuits. Jamais l'attention des peuples ne doit se détourner de son auguste et encombrante personne. Pour être vu de partout et entendu de loin, il enfle la voix qu'il a forte et puissante et entonne des hymnes de guerre, art dans lequel une longue expérience lui a donné une maitrise incontestée. Qu'importe que ces éclats soient menaçants pour la paix, ruineux pour ses sujets ! Des souverains affligés d'un pareil tempérament peuvent avoir toutes les vertus et tous les talents, et Guillaume II ne peut prétendre à cette universelle perfection. La naissance leur a assigné une place pour laquelle ils ne sont pas faits et des devoirs qu'ils ne peuvent pas remplir. Ils sont les fléaux de leurs peuples et, si leur sceptre est puissant, les fléaux de l'humanité.

Les attachés militaires, a dit un jour dans un moment d'expansion l'impérial visiteur du château de Baye, sont des espions officiels. Les diplomates, disent les Anglais, sont des *gentlemen* payés pour mentir au dehors, *to lie abroad*. En plus de cette tâche qui doit convenir médiocrement aux frères Cambon, aux Dumaine, aux Paléologue, aux Barrière, aux Klobukowski, les représentants de la France en ont une autre : celle d'observer avec soin et de rapporter scrupuleusement le fruit de leurs patientes observations. M. Bihourd, prédécesseur de M. Jules Cambon à Berlin, s'en acquitta avec bonheur. Rendant compte de l'accueil froid, mais calme qu'avait trouvé l'accord franco-anglais de 1904 auprès de M. de Bulow, il ajouta ces graves remarques :

J'incline à penser que, dès son retour, l'Empereur imprimera à sa politique plus d'activité et de hardiesse. Il y sera poussé par son caractère, par le désir de montrer que l'Allemagne n'est ni isolée, ni désarmée. Il tentera donc, j'imagine, d'intervenir dans le règlement de la question marocaine, soit indirectement, en influençant les dispositions de l'Espagne, soit directement en demandant pour le commerce allemand le traitement accordé à celui de l'Angleterre (1).

Il ne s'était pas trompé. La situation changea, et à l'acceptation renfrognée succéda la récrimination bruyante, quand l'émule de Frédéric Barberousse rentra de sa croisière en Méditerranée et de son séjour à Corfou. Sur son tempérament de feu, le soleil du Midi et l'air tiède du parc de l'Achilléion n'avaient eu aucun effet calmant. « Invité idéal », suivant l'expression un peu osée de la *Tribuna*, des fêtes franco-italiennes, il n'avait pas pu s'empêcher de commettre quelques incongruités. Il s'était opposé, dit-on, à ce que les souverains italiens assistassent à· l'inauguration de la statue de Victor Hugo offerte par une société française. Pardonnons-lui pour qu'il nous soit pardonné ! Michel n'a pas lu les livres de la baronne Staffe. Il avait perdu son sang-froid. Sur lui les langoureuses mélodies du *Danube bleu* qui entraînaient à Rome les couples enlacés avaient produit l'effet que produisent sur les taureaux castillans les rouges écharpes du toréador. Entente franco-anglaise, entente franco-italienne, alliance franco-russe, entente franco-espagnole peut-être : ces mots bourdonnaient autour de ses oreilles affaiblies.

____

(1) Dépêche du 17 avril 1904.

Pauvre *Weltpolitik* ! Où est l'Allemagne toute-puissante, « étoile » adulée du concert européen, que lui ont léguée Guillaume Ier qu'il aimait peu et Bismarck qu'il n'aimait pas ?

Quand, botté, éperonné, les fières moustaches dressées vers le ciel où règne son « bon vieux Dieu », il eut écouté les compliments du bourgmestre de Carlsruhe, le ressentiment lui inspira ses paroles :

Vous avez oit avec raison, Monsieur le bourgmestre, que la tâche du peuple allemand est lourde. Pensons à la grande époque qui refit l'unité du peuple allemand, aux combats de Woerth, de Wissembourg et de Sedan, et rappelons-nous avec quels cris d'allégresse le grand-duc de Bade salua le premier empereur allemand ! Les événements actuels nous convient à oublier nos discordes intérieures. Soyons unis pour le cas où, dans la politique du monde, nous serions contraints d'intervenir (1).

Ce fut, trois jours plus tard, l'inauguration d'un pont sur le Rhin, à Mayence, Le général Budde, ministre des Communications, battit la mesure :

Si Votre Majesté doit appeler aux armes la nation allemande, cette nouvelle voie ferrée sera un puissant instrument de guerre dont Moltke a souligné jadis l'importance. Puisse cette *Kaiserbrücke* servir les intérêts de notre chère patrie en temps de paix et en temps de guerre.

Et l'empereur répondit :

Je souhaite que, sous tous les rapports, ce nouveau pont réponde aux espoirs que sa construction a fait naître.

---

(1) Discours prononcé à Carlsruhe le 28 avril 1901.

De tout mon cœur, je souhaite que la paix, nécessaire au développement ultérieur du commerce et de l'industrie, puisse être maintenue. Mais je suis convaincu aussi que, s'il doit servir à un plus grave trafic, cet ouvrage répondra à toutes les espérances.

A Sarrebruck, quinze jours plus tard, il évoqua Metz, « boulevard puissant de l'Empire ». Les Allemands, ajouta-t-il, ont la conscience pure et ne cherchent pas de querelles ; Dieu sera avec eux, si l'ennemi les attaque. Les citoyens de Sarrebruck lutteront pour l'autel, l'empire, l'empereur et la patrie.

De même que l'on se méfie instinctivement de qui proteste à tout propos d'une honnêteté nullement mise en cause et voudrait porter en médaillon une miniature de son casier judiciaire, on redoute les peuples qui croient utile de multiplier les déclarations pacifiques. A quoi rimaient les rappels de Carlsruhe, de Mayence, de Sarrebruck, accompagnés d'un bruit de sabres entrechoqués ? On devait l'apprendre bientôt. Une année d'attente précéda l'année d'action. L'attention de Guillaume II et de ses gouvernants était sollicitée pour le moment par d'autres soucis. Edouard VII était attendu à Kiel, le 25 juin 1904 ; il venait assister aux régates et faire sa première visite officielle au « valeureux poltron » ; impossible de faire une querelle d'Allemand aux Français, amis du souverain anglais. Et la guerre russo-japonaise se poursuivait dans la douleur.

A l'égard de son impérial ami de Saint-Pétersbourg, Guillaume II observa une attitude de neutralité bienveillante. De Naples il envoya un chaleureux télégramme de condoléances quand sombra le cuirassé *Petropavlowsk* à Port-Arthur. « Le deuil de la Russie, dit-il, est le deuil de l'Allemagne. » En mai 1904, M. de Bulow corrigea rudement Bebel, ennemi du tsarisme, et regretta « que divers journaux allemands, surtout les journaux satiriques, eussent renouvelé la faute commise, il y a quelques années, et fait des malheurs d'une nation amie le sujet d'articles et de caricatures malicieux et mordants ». En juillet, l'empereur complimenta le régiment d'infanterie russe Viborg, dont il était colonel honoraire. « Je suis fier, dit-il, que mon régiment ait l'honneur de combattre pour la patrie. Mes vœux sincères l'accompagnent. Que Dieu bénisse ses drapeaux ! » Dans son discours de Cuxhaven, il plaida la solidarité des nations civilisées assaillies par des peuples de race inférieure. A la veille même de l'incident de Hull, en octobre 1904, l'attaché militaire russe à Berlin devint aide-de-camp honoraire du kaiser et l'attaché allemand à Saint-Pétersbourg aide-de-camp du tsar. La résurrection de ce vieil usage, introduit sous Alexandre II et Guillaume Ier, attesta l'intimité diplomatique des deux empereurs. Non sans quelque secrète inquiétude, les peuples européens en scrutaient les raisons secrètes.

Guillaume II voulait-il, comme on le pensait en France, se glisser, pour la faire disparaître, dans l'alliance franco-russe ? Obéissait-il à sa haine des races jaunes que, peintre occasionnel, il avait immortalisée ? Tremblait-il pour son enclave chinoise de Kiao-Tchéou que le Japon victorieux pouvait menacer ? De petits esprits prétendent qu'il s'agissait uniquement d'arracher à la Russie un avantageux traité de commerce. Bien que le petit-fils de l'impératrice-reine Victoria soit fort sensible aux questions d'intérêts et que le comte Witte ait fait à M. de Bulow, qu'il alla voir à Norderney, des concessions fort importantes, on peut et on doit admettre que des considérations de *Weltpolitik* inspirèrent cette campagne de basses flatteries.

Prêt à s'attacher à la fortune de la Russie victorieuse, Guillaume II n'hésita pas à tirer parti de ses infortunes. Les Russes furent battus à Liao-Yang, le 4 septembre 1904 et à Moukden, le 10 mars 1905. Quand l'Allemagne s'aperçut que les liens de 1891 étaient tenaces, que la Russie était affaiblie et que le dieu des victoires se rangeait sous les étendards du mikado, elle se tourna contre la France. Le 18 janvier 1905, le ministère Combes démissionna ; il fut remplacé, six jours plus tard, par le cabinet Rouvier, dans lequel M. Delcassé conservait le portefeuille des affaires étrangères. Ce petit événement de politique intérieure accrut sans doute le courroux du cabinet de Berlin.

Le 26 janvier 1905, M. Saint-René Taillandier, ministre de France au Maroc, arriva à Fez « pour consolider l'amitié établie entre les deux Etats en assurant à leurs intérêts communs la satisfaction qu'ils réclament. » Le 11 février suivant, M. de Chérisey, chargé d'affaires français, rendit compte à M. Delcassé d'une confidence singulière que lui avait faite M. de Kühlmann, chargé d'affaires allemand :

Après l'accord franco-anglais, m'a dit M. de Kühlmann, nous supposions que le Gouvernement français attendrait pour nous mettre au courant d'une situation nouvelle, que l'entente franco-espagnole, prévue dans l'arrangement du 8 avril, fût effectuée. Mais aujourd'hui, tout étant définitivement conclu, et les ratifications parlementaires étant intervenues, nous nous sommes aperçus qu'on nous tenait à l'écart systématiquement. Nous avons donc fixé notre attitude en conséquence. N'allez pas croire que je me sois tracé une ligne de conduite de ma propre initiative. En présence des interprétations contradictoires de nos journaux, j'ai cru devoir solliciter de mon gouvernement des instructions formelles. Et c'est alors que le comte de Bulow m'a fait savoir que le gouvernement impérial ignorait tout des accords intervenus au sujet du Maroc et ne se reconnaissait comme lié en aucune manière relativement à cette question (1).

Le gouvernement allemand n'était pas lié par les accords du 8 avril 1904 qui étaient, pour lui, *res inter alios acta.* Mais quand il déclare « avoir été tenu à l'écart systématiquement » et « ignorer tout des accords internationaux intervenus au sujet du Maroc », il offense cette vérité que Ponce Pilate, d'hypocrite mémoire, avoua ne pas connaître. *Quid est Veritas ?* « Le fait est, a dit un jour un diplomate averti au prince Gortschakoff, qu'on sait joliment mentir à Berlin. » A la parole peu diplomatique le chancelier d'Alexandre II répondit : « Pas de gros mots, je vous prie, cher ami. Disons plutôt qu'on sait joliment démentir à Berlin. » Au cours de la terrible querelle marocaine nous apprîmes que Berlin sait mentir et démentir, mais ne sait ni mentir ni démentir « joliment ».

Le 15 février 1905, M. de Mühlberg, sous-secrétaire d'Etat allemand aux affaires étrangères, laissa planer des doutes sur l'exactitude des propos prêtés à M. de Kühlmann et sur la correction de leur interprétation. Première erreur : le secrétaire de la légation allemande à Tanger avait fort bien compris les instructions qu'il avait reçues de Ber-

---

(1) Dépêche du 11 février 1905.

lin. Comme la France avait un ambassadeur à Berlin et que l'Allemagne avait un représentant à Paris, on peut s'étonner que ces importants pourparlers aient eu lieu par le canal d'un infime sous-ordre.

Confirmant, le 12 avril 1905, les affirmations contestées de M. de Kühlmann, M. de Bulow manda aux ambassadeurs et aux légations allemandes en Europe :

Il est faux que la convention franco-anglaise concernant le Maroc ait été portée à la connaissance du gouvernement allemand, soit par écrit, soit verbalement.

Le 4 octobre 1905, le même homme d'Etat dit au correspondant du *Temps* : « Je vous donne ma parole de *gentleman* que jamais il n'y a eu de notre part la moindre arrière-pensée. » Laissons aux faits brutaux le soin de juger la correction du gouvernement de Berlin et la valeur de la parole de gentilhomme de M. de Bulow.

Le 23 mars 1904 — quinze jours avant la signature de l'accord franco-anglais — M. Delcassé avait donné au prince Radolin toutes les explications possibles (1). Et il avait ajouté : « Le prince de Radolin a trouvé mes déclarations très naturelles et parfaitement raisonnables et m'a remercié vivement de les lui avoir faites. » Le 26 avril,

____

(1) Dépêche à M. Bihourd, du 27 mars 1904.

M. Bihourd eut une conversation avec M. de Richthofen, secrétaire d'Etat allemand aux affaires étrangères, au sujet des mêmes accords (1). Le 6 octobre 1904, l'ambassadeur de France fit connaître officiellement au cabinet de Berlin l'accord franco-espagnol de ce jour, complément logique de l'accord du 8 avril 1904. La communication qui en fut faite porta fatalement sur l'arrangement franco-anglais. A maintes reprises, les organes du gouvernement impérial et M. de Bulow lui-même avaient parlé au parlement des conventions marocaines. Celles-ci étaient à l'ordre du jour de toutes les sociétés coloniales, politiques et pangermanistes ; les *Leitartikel* des revues et des journaux les avaient minutieusement disséquées depuis plus de douze mois.

Le gouvernement impérial les ignorait, parce que divers événements de politique extérieure et, plus particulièrement, les revers russes en Asie lui imposaient cette ignorance. Quand la supercherie apparut dans toute sa crudité, le chancelier chercha et trouva des excuses cousues de fil blanc. Il se plaignit que le cabinet de Paris ne lui eût pas *officiellement notifié* les accords marocains. « Il eût été, dit-il, conforme à l'usage international que la France, après la conclusion de

---

(1) Dépêche de M. Bihourd à M. Delcassé, du 27 avril 1904.

l'accord anglo-français concernant le Maroc, communiquât cet accord dans la forme habituelle à toutes les puissances intéressées, lesquelles sont suffisamment désignées comme telles par leur signature apposée au bas des actes de la Conférence de Madrid (1). » Nouvelle erreur : *notification* diplomatique et *communication* diplomatique ne sont pas synonymes. L'usage ne prescrit pas la notification. Le cabinet de Paris y renonça parce qu'il connaissait par expérience la mauvaise foi de la diplomatie allemande. Un homme averti en vaut deux.

Ce premier épisode de la longue querelle marocaine repose sur une double erreur volontaire du gouvernement de Berlin. Les affirmations de M. de Bulow sont contredites par M. de Bulow lui-même. Si elles méritaient quelque crédit, elles démontreraient que, au printemps 1905, l'Allemagne était prête à aller en guerre pour une ridicule et méprisable question de forme.

On prétexta ensuite d'hypothétiques intérêts commerciaux allemands que la France mettrait en péril en rétablissant l'ordre public au Maroc. Au Reichstag, le chancelier avait affirmé en avril 1904 (2) que ces intérêts ne risquaient rien.

----

(1) Dépêche de M. de Bulow au prince de Radolin, du 1er mai 1905.

(2) Cp. Chapitre V, page 180.

La *Norddeutsche Allgemeine Zeitung*, organe officiel de la Chancellerie, avait écrit, en mars 1904, ces paroles calmantes :

Autant qu'on peut jusqu'à présent s'en rendre compte, les intérêts allemands ne pourraient être touchés par les échanges de vues relatives au Maroc. En raison de *l'assurance réitérée et donnée officiellement* du côté français que la France n'a en vue aucune conquête, aucune occupation, mais poursuit bien plutôt l'ouverture du sultanat du nord-ouest africain à la civilisation européenne, il y a lieu de croire que les intérêts commerciaux de l'Allemagne au Maroc n'ont aucun péril à redouter (1).

Y eut-il, de mars 1904 au printemps 1905, un fait nouveau capable de modifier les grands courants de la politique allemande ? « Rien n'a changé, dit M. de Bulow au Reichstag, le 29 mars 1905, deux jours avant l'arrivée de son maître à Tanger, dans les tendances de la politique allemande sur ce point. Celui qui cherche un fait nouveau, ne le trouvera pas dans la politique allemande. » Une fois de plus, la parole du gentilhomme se trouva en défaut. Bien des faits nouveaux s'étaient produits : les défaites russes en Mandchourie, l'intimité croissante des Puissances occidentales, le maintien de M. Delcassé au Quai d'Orsay, le succès des négociations mi-diplomatiques, mi-commerciales de M. Constans à Constantinople,

---

(1) Dépêche de M. Bihourd, du 25 mars 1901.

la menace japonaise contre Kiao-Tchéou, des déboires coloniaux allemands...

Le chancelier informa Bebel « que le langage et
l'attitude des diplomates et des hommes d'Etat
varient d'après les circonstances », et il ajouta
qu'il choisissait, d'après sa propre estimation, le
moment le plus favorable à la production des intérêts allemands.

L'empereur, dit-il, a depuis longtemps déclaré au roi
d'Espagne que l'Allemagne ne poursuit au Maroc aucun
intérêt territorial. Après une déclaration aussi nette, il
est inutile d'essayer de prêter à la visite impériale à Tanger
des intentions intéressées, dirigées contre l'indépendance
ou l'intégrité du Maroc...
En dehors de la question territoriale et de la visite impériale, il est une question d'un autre ordre, mais étroitement connexe : celle de savoir si nous avons des intérêts
commerciaux au Maroc que nous devons défendre. Et nous
en avons. Au Maroc comme en Chine, notre intérêt matériel exige que la porte reste ouverte et que toutes les nations aient des droits commerciaux égaux..... Les intérêts
allemands au Maroc sont très considérables ; nous devons
veiller à ce qu'ils jouissent des mêmes droits que ceux des
autres Puissances. Il est d'autant plus urgent de les abriter
contre tout danger que d'autres peuvent tenter soit de
modifier la situation internationale du Maroc, soit de con-
trôler le développement économique du principe de la
porte ouverte. Voilà pourquoi nous avons l'intention de
nous mettre prochainement en rapports avec le sultan du
Maroc.....

Pendant l'exercice 1904, l'Allemagne avait
vendu au Maroc pour 3,177,500 francs de mar-

chandises ; elle avait acheté pour 6,916,250 francs de produits marocains. Comme, au commerce spécial, ses ventes totales atteignaient alors 6 milliards 644 millions et ses achats 8 milliards 580 millions, ses échanges avec l'Etat chérifien représentaient 0,047 0/0 des exportations et 0,080 0/0 des importations. Il appartenait à M. de Bulow de nous apprendre que c'étaient là des intérêts « très considérables ». Si l'empereur était obligé de faire une apparition retentissante dans tous les pays où ses commis-voyageurs déposent annuellement pour 3 millions de camelote, ses fidèles sujets berlinois n'auraient pas souvent l'occasion de vénérer son auguste personne. « Pour une importation de 2 à 3 millions de marks, avait écrit la *Nationalzeitung* en mai 1904, l'Allemagne ne peut pas entrer en conflit avec la France (1). » C'était l'évidence même. Comme l'égalité de droits était expressément stipulée par les accords, l'action pacificatrice de la France devait promouvoir les intérêts allemands.

Le 31 mars 1905, l'empereur Guillaume II arrive, vers neuf heures du matin, en rade de Tanger. Pendant deux heures et demie il attend à bord, sans doute pour méditer de graves paroles. Enfin à onze heures et demie, il débarque en terre maro-

---

(1) Dépêche de M. Bihourd à M. Delcassé, du 3 juin 1904.

caine où l'attendent quelques vagues mandataires d'Abdul-Aziz. Et de sa bouche auguste tombent ces phrases grosses de menaces :

Ma visite à Tanger a eu pour but de faire connaître que je suis décidé à faire tout ce qui est en mon pouvoir pour sauvegarder efficacement les intérêts de l'Allemagne au Maroc. Je considère le Sultan comme un souverain absolument indépendant, et c'est avec lui que je désire m'entendre sur les moyens les plus propres à obtenir ce résultat.

Quant aux réformes que le Sultan aurait l'intention d'introduire dans ce pays, j'estime qu'il doit procéder avec beaucoup de précaution, et en tenant bien compte des sentiments religieux de ses sujets afin qu'à aucun moment l'ordre public ne puisse être troublé par le fait de ces réformes.

Même sans la visite impériale, les intérêts allemands au Maroc — 3,177,500 francs de ventes — auraient été pleinement sauvegardés. La France, l'Angleterre et l'Espagne considéraient et considèrent encore le sultan de Fez « comme un souverain absolument indépendant », plus indépendant en tout cas que le khalife de Constantinople et le suzerain de Kiao-Tchéou. Il était au moins inutile que « l'ami des 300 millions de Musulmans (1) » vînt encourager la politique d'anarchique désordre d'Abdul-Aziz et du Maghzen.

Ayant dit ces choses qui n'étaient ni nouvelles ni opportunes, Guillaume II s'en alla avec ses

____

(1) Toast de Damas, octobre 1898.

cinquante janissaires et appareilla pour d'autres cieux. L'œuvre de M. de Bulow et de ses sous-ordres recommença. Elle entra dans une deuxième phase, plus déloyale et plus criminelle que la première. Tout d'abord, la Wilhelmstrasse changea ses batteries ; elle parla de « tunisification », d'un mandat européen dont le ministre français à Tanger se serait faussement prévalu, de mainmise sur la personne sacro-sainte du pitoyable Abdul-Aziz...

Le 12 avril 1905, le chancelier écrivit aux représentants allemands près des cours étrangères :

Le temps était venu de songer à la protection des intérêts allemands, lorsque le gouvernement marocain fit demander s'il était exact que le ministre de France à Fez fût, comme il le prétendait, le mandataire des puissances européennes et lorsqu'on en vint à connaître que différents points du programme français dit de réformes (lequel, d'ailleurs, n'est pas encore complètement connu) se trouvent en contradiction avec le maintien du *statu quo*, lorsqu'enfin des organes inspirés de la grande presse française indiquèrent ouvertement Tunis comme le modèle à suivre dans la réorganisation du Maroc.

Pour établir que M. Saint-René Taillandier s'est prévalu à Fez d'un mandat européen qu'il n'avait pas, M. de Bulow invoque le témoignage des autorités marocaines et le langage de certains organes de la presse française et anglaise dont son Livre blanc fournit les extraits. La décision allemande d'intervenir au Maroc est évidemment antérieure au 11 février 1905, puisqu'à cette date M. de Kühlmann en informa M. de Chérisey. Comme la cause précède l'effet et ne le suit pas, on ne devrait logiquement tenir compte que d'une coupure du *Temps* datée du 5 janvier 1905. A ce moment, le *Temps* ne pouvait pas savoir que, vingt jours plus tard, le ministre de France se prévaudrait à Fez d'un mandat européen. Habilement « travaillé » par le consul d'Allemagne, le sultan confirma l'accusation. M. Saint-René Taillandier, directement mis en cause, manda à M. Delcassé :

> Votre Excellence peut affirmer de la façon la plus catégorique que, ni auprès du Sultan, ni auprès du Maghzen, je n'ai jamais invoqué un prétendu mandat européen.

Entre la parole du ministre français et celle d'Abdul-Aziz, même confirmée solennellement par M. de Bulow « dont le langage et l'attitude varient selon les circonstances », aucune hésitation n'est possible. Avant le démenti, le *Times* avait confirmé l'inepte légende (1); le correspondant qui provoqua l'erreur du grand organe anglais s'était fait le porte-parole de la légation allemande à Tanger.

« Différents points du programme français, affirme M. de Bulow, se trouvent en contradiction

---

(1) Numéro du 20 mars 1905.

avec le maintien du *statu quo.* » La réorganisation
du Maroc devait être calquée sur le modèle de
Tunis. Le Livre blanc lui-même prend soin de
réfuter ces accusations ; les travaux à entreprendre
devaient être, dans l'opinion du ministre français,
« donnés en soumission sans préférence pour une
nation ou une autre ». Par protectorat ou « tunisification » M. de Bulow désigne « l'éviction complète des entreprises économiques non françaises (1) ».

L'accusation date du 12 avril 1905. C'est fin
juin seulement que M. von Tattenbach réussit
à en réunir les pièces.

Ces documents, écrit-il à son gouvernement, consistent
en notes qui ont été prises au cours des conférences que
M. Saint-René Taillandier a faites aux notables et des
entretiens que le ministre français a eus, en outre, avec les
ministres marocains. Le ministre des Affaires étrangères
a fait *retravailler* ces notes de façon à en former un exposé
synoptique (2).

Cette diplomatie est digne du pays de la *kultur.*
On accuse sans preuves, sur la foi peut-être de
quelques vagues lascars mauresques. Les preuves
sont cherchées ensuite. Et l'on découvre des notes
à la main prises par des Marocains au cours d'une
conférence faite par le ministre français. Comme

---

(1) Dépêches aux missions impériales du 12 avril 1905.
(2) Dépêche du 30 mai 1905.

ces notes sont sans doute contradictoires, incomplètes, insignifiantes, on les fait « retravailler » par d'autres créatures. Même après ce remaniement, elles sont inefficaces. M. de Bulow ne se décourage pas pour si peu ; ne pouvant faire à la France un procès juridique, il lui fait un procès de tendances. Il sait pertinemment que l'Allemagne, et non pas la France, pratique au Maroc une politique de « tunisification ». Ne s'était-elle pas merveilleusement fait la main en Turquie et dans le Chantoung ? Le 21 février 1905 la maison allemande Borgeaud, Reutemann et C^le avait demandé au Maghzen la concession de certaines entreprises du port de Tanger. Grâce à l'intervention directe du ministre allemand et, sans doute aussi, à des pots-de-vin habilement distribués, l'entreprise fut accordée le 26 mars 1905.

Mon langage, écrivit M. Saint-René Taillandier, n'a jamais indiqué ni laissé entendre que nous ayons l'intention de prendre en mains la direction des affaires intérieures ou extérieures du Maroc (1).

Le distingué diplomate accomplissait un pénible devoir. Il n'est pas glorieux de travailler aux côtés d'individus sans foi ni loyauté qui n'ont pas de parole de *gentlemen*. Ils le montrèrent mieux encore dans les honteuses négociations qui précé-

---

(1) Dépêche de M. Saint-René Taillandier à M. Rouvier, du 15 juin 1905.

dèrent et entraînèrent en juin 1905 la retraite de M. Delcassé. Quand leurs machinations furent découvertes au grand jour, les Bulow et les Richthofen rompirent le fil qui reliait la Wilhelmstrasse au Quai d'Orsay ; un fil fut établi qui joignit le palais Radziwill, de Berlin, au cabinet de M. Rouvier ; M. Delcassé en ignora l'existence. De guerre lasse, celui-ci se retira le 6 juin 1905 ; M. Rouvier, président du Conseil, devint ministre des Affaires étrangères. Quand, quelques mois plus tard, le journal *Le Matin* dévoila les dessous honteux de toutes ses intrigues, la *Neue Freie Presse*, de Vienne, déversa de répugnantes insultes sur l'ennemi terrassé (1).

Une même réprobation enveloppa M. Delcassé qui « voulut diriger contre l'Allemagne une guerre franco-anglaise », lord Lansdowne et le roi Edouard VII, « auteur principal du crime qu'il n'est pas possible de punir ».

Pas plus que Macbeth, écrit la tendre feuille autrichienne, Lansdowne ne pourra effacer de son vêtement la souillure qu'y a faite Delcassé, son complice et ami de France. Lansdowne joua avec l'idée d'une double guerre qui aurait pu dégénérer en guerre universelle. Il ne se débarrassera jamais de cette flétrissure. En dépit de ses dénégations, la mémoire de Delcassé s'attache à lui et le maintient en compagnie du perturbateur criminel et

---

(1) Numéro du 18 octobre 1905. La *Neue Freie Presse* était l'organe officieux de M. de Bulow.

aveugle de la paix dont s'écartèrent avec horreur ses propres compatriotes quand ils eurent connaissance de la calamité sans nom projetée par lui.

Lord Lansdowne, continue la *Neue Freie Presse*, personnifie la haine, la jalousie, l'antipathie contre l'Allemagne qui caractérisent l'état d'esprit anglais. « Les années, dit-elle, n'ont pas calmé son tempérament orageux et passionné ; une sorte d'affinité irrésistible le poussa à suivre, bras à bras avec Delcassé, un même sentier diplomatique. » Obéissant aux traditions allemandes, la digne feuille fait ensuite une incursion dans la vie privée du ministre abhorré, arpente les acres de terre qu'il possède et dénombre les ressources annuelles dont il peut disposer. Ces ordures provoquent la nausée ; elles dénotent l'esprit autrichien, que l'alliance a assimilé à l'esprit allemand. Ajoutons que les révélations de l'automne 1905 ne venaient ni directement ni indirectement de M. Delcassé et que l'histoire d'un débarquement de 100.000 soldats anglais en Allemagne était imaginée de toutes pièces. Il y avait, au printemps 1905, danger de guerre ; ce danger venait de ceux-là mêmes qui provoquèrent la guerre de 1914.

Le 8 juillet 1905, M. Rouvier consentit à aller à la conférence d'Algésiras dont Abdul-Aziz, suggestionné par M. von Tattenbach, avait demandé la réunion. Une entente préalable était intervenue entre la France et l'Allemagne. Elle concernait, comme M. Rouvier le déclara à la Chambre des Députés, le 10 juillet, « les principes essentiels dont le maintien au Maroc a pour la France, puissance limitrophe, un prix tout particulier ; de même était reconnu l'intérêt spécial que nous avons au maintien de l'ordre dans l'empire chérifien, tout état de trouble au Maroc pouvant avoir une répercussion parmi les populations musulmanes, sujettes de la France ». L'Allemagne avait promis d'éviter toute atteinte au *statu quo*. Elle oublia aussitôt cet engagement ; à Tanger et à Fez se poursuivit l'âpre course aux commandes, aux entreprises publiques, aux emprunts, dans laquelle les Tattenbach et les Kühlmann se distinguèrent. Berlin démentit à tour de bras. Quand, acculé par l'évidence, M. de Bulow dut reconnaître la vérité, il eut un mouvement de franchise : Violez vos engagements, dit-il en substance à M. Bihourd, puisque nous avons violé les nôtres. Inutile de dire que la suggestion resta sans écho.

La France alla à Algésiras avec quelques promesses allemandes convenues soit directement entre les deux cabinets, soit à Paris, au cours de longues conversations entre MM. Révoil et Rosen. M. de Bulow avait donné à M. Bihourd cette assurance générale :

La diplomatie allemande adoptera, dans les négociations ultérieures, une attitude dont la France aura lieu d'être satisfaite (1).

Le 16 janvier 1906, les Puissances se rencontrèrent à Algésiras : l'Allemagne et la France comparurent devant le tribunal de l'Europe. Les audiences durèrent jusqu'au 31 mars ; l'acte final fut signé le 7 avril 1906. Dès la première rencontre, il apparut que MM. von Radowitz et von Tattenbach ignoraient les promesses conciliantes du chancelier de l'empire. L'opinion générale leur fut défavorable ; il est plus facile de parader devant un troupeau de Maures à Tanger que de se justifier devant des diplomates impartiaux et avertis. Une escarmouche se produisit le 3 mars 1906 ; l'Allemagne eut derrière elle l'Autriche-Hongrie... et le Maroc qu'il s'agissait d'assainir malgré lui. Au comte Welsersheimb, délégué austro-hongrois, M. von Radowitz reprocha sa « mollesse ». Brutalement insulté, le comte Cassini, plénipotentiaire russe, répondit aux Teutons que son pays n'avait d'ordres à recevoir de personne. Ayant assisté à une autre scène désagréable, un secrétaire russe s'écria : « J'en ai honte pour les Allemands. » Honteusement l'Allemagne tenta d'abuser de la crise ministérielle française qui survint le 7 mars 1906 ; elle s'aperçut bientôt que M. Bourgeois,

---

(1) Dépêche de M. Bihourd à M. Rouvier, du 23 juin 1905.

ministre des Affaires étrangères du cabinet Sarrien, n'était pas homme à négliger les intérêts français.

La brutalité allemande ne triompha pas. Vague et imparfait comme tous les compromis, l'acte d'Algésiras documenta des solutions à peu près équitables dont l'application n'était pas facile. Il permit à l'Allemagne de dénombrer ses fidèles. Tel avait été son but ; l'affaire marocaine ne fut qu'un prétexte. Franchement le chancelier l'avait avoué à M. André Tardieu :

Il y a dans les incidents auxquels a donné lieu depuis six mois l'affaire marocaine deux choses distinctes à considérer. Le Maroc est la première, la politique générale est la seconde. Au Maroc nous avons des intérêts commerciaux importants : nous avons tenu et nous tenons à les sauvegarder. Sur le terrain général, nous avons été obligés de répondre à une politique qui tendait à nous isoler et qui, à cette intention avouée, empruntait, vis-à-vis de nous, un caractère nettement hostile. L'affaire marocaine était la manifestation la plus récente et la plus caractérisée de cette politique ; elle a été pour nous l'occasion d'une riposte nécessaire (1).

A Algésiras, l'Allemagne eut le concours du Maroc. L'impérial ami et protecteur d'Abdul-Hamid devint tout naturellement l'ami et le protecteur d'Abdul-Aziz. Il s'agissait en Turquie et au Maroc d'empêcher les réformes reconnues né-

____

(1) Conférence faite par M. André Tardieu à l'Ecole des Sciences politiques, le 22 février 1907.

cessaires, de maintenir les troubles et les désordres. La *Kultur* allemande s'y prêta. ·

MM. von Radowitz et von Tattenbach trouvèrent un deuxième allié sur lequel ils avaient compté : l'Autriche-Hongrie. L'obéissance du comte von Welsersheimb n'était pas absolue. Il est certain que la proposition faite à la conférence le 8 mars 1906 avait auparavant reçu l'apostille de la Wilhelmstrasse ; mais le délégué austro-hongrois travailla utilement pour la paix que menaçaient les déclarations et l'attitude intransigeante des plénipotentiaires allemands. Guillaume II récompensa dans la suite le comte Welsersheimb et envoya au comte Goluchowski ce télégramme :

A l'instant où, du consentement de votre très gracieux souverain, j'envoie au comte Welsersheimb la grand'croix de l'ordre de l'Aigle rouge, je tiens à vous exprimer de tout cœur mes sincères remerciements pour l'appui indéfectible que vous avez donné à mes représentants ; ce fut l'acte courageux d'un allié au cœur fidèle. Vous fûtes pour moi un *brillant second* dans la rencontre ; soyez assuré que, si l'occasion se présente, je vous rendrai le même service.

L'empereur, a dit un diplomate facétieux, voulait offrir un bouquet, il lança un pavé. L'Autriche-Hongrie remplit ses devoirs d'alliée ; mais son obéissance fut raisonnée. Elle avait cessé d'être serve et devenait l'égale. Le 15 novembre 1906, le prince de Bulow lui donna ce *satisfecit* : « C'est pour moi un besoin d'exprimer combien sûr fut l'appui que l'Autriche-Hongrie a prêté à l'Allemagne à la conférence d'Algésiras. » Laissons les deux Puissances allemandes à leurs mutuelles congratulations.

Le télégramme impérial au comte Goluchowski contenait un blâme indirect de la politique italienne. Quand, au lendemain de la signature de l'acte d'Algésiras, une grave éruption du Vésuve multiplia les ruines dans les provinces méridionales de l'Italie, François-Joseph s'empressa d'envoyer au roi Victor-Emmanuel II un télégramme de condoléances et un secours de 10.000 francs. Guillaume II, habile cependant à parler et à écrire, resta muet : c'était la punition macabre de la patriotique indépendance qu'avait montrée le marquis Visconti-Venosta à la conférence.

La *Post* pangermaniste aggrava la grossièreté de l'empereur. « A l'Italie, écrivit-elle, de décider de son avenir ! Si elle estime qu'il est pour elle plus avantageux d'être la satellite de la France et de l'Angleterre que de persévérer dans sa vieille politique de la Triple-Alliance, tant mieux. Elle verra ce qu'elle verra. » Si, comme l'a dit un jour M. de Bulow au Reichstag, il n'est pas de fait nouveau dans la politique allemande, il n'y eut jamais, depuis 1870, de modification dans les méthodes allemandes ; la moindre désillusion est suivie aussitôt de graves menaces. Le *Berliner Tageblatt* rappela à l'alliée volage « que l'Allemagne entend donner le ton sur le continent européen ou, pour le moins, dans l'Europe centrale ». La *Tribuna* lui donna cette verte réplique :

Est-ce la faute de l'Italie, si la situation de l'Europe ne laisse pas au cabinet de Berlin tous les atouts, si la France est l'alliée de la Russie et l'amie de la Grande-Bretagne ? On a dit à Berlin que rien ne se doit décider en Europe sans la permission de l'Allemagne. Est-ce la faute de l'Italie si d'autres puissances croient pouvoir se passer de cette permission et si, malgré les services reçus de l'Allemagne pendant la guerre japonaise, la Russie n'a pas abandonné son alliée ?

Le marquis Visconti-Venosta fut-il bien coupable quand, membre d'un aréopage européen, il se prononça pour la justice et contre l'arrogance? Membre de la Triple-Alliance, l'Italie l'était aussi de la Triple-Alliance maritime qui lui avait rendu quelques services. Les accords de 1902 et 1903 lui faisaient même un devoir strict de soutenir la cause marocaine de la France. Les plénipotentiaires italiens montrèrent qu'ils avaient fort bien profité des leçons de politique réaliste de l'Allemagne. Celle-ci aurait dû se réjouir, et non pas se plaindre, de la docilité de ses élèves.

Prétendant à toute l'indépendance compatible avec ses engagements multiformes, l'Italie ne songeait pas à secouer le joug de la Triple-Alliance terrestre. Dans son discours du 15 novembre 1906, M. de Bulow rendit hommage aux hommes politiques italiens, « trop patriotes et trop sages pour faire sortir l'Italie du port paisible de la Triplice où l'ancre repose sur un fond sûr, pour la lancer sur la mer houleuse des groupements nouveaux et des combinaisons aventureuses ». Et il ajouta cette menace : « Si l'Italie se détachait de la Triple-Alliance, ou si elle suivait une politique chancelante et équivoque, cela augmenterait les chances d'une grande et générale conflagration. »

Le tempérament de l'homme aux valses extra-conjugales s'exacerbait. « Groupements nouveaux, combinaisons aventureuses, politique chancelante et équivoque accroissant les chances d'une conflagration générale » : il est peu tendre pour l'alliance franco-russe et l'entente franco-anglaise. Il est en droit de parler de la conflagration générale que l'Allemagne, isolée ou craignant d'être isolée, ne manquerait pas de provoquer.

Quelques années plus tard, l'Italie se souvint que les alliances doivent être fécondes. Sur les rives de l'Afrique septentrionale où péniblement elle vendait pour quelque 768,000 francs de marchandises et où le *Banco di Roma* exploitait, avec l'appui du Gouvernement, quelques vagues entreprises, divers accords internationaux lui avaient valu des hypothèques sans échéance fixe. A contrecœur, en septembre 1909, le comte d'Aehrenthal avait lâché les brides à l'alliée incertaine. Tiraillée entre le désir de sceller plus solidement une alliance affaiblie et l'obligation de ménager le Turc, l'Allemagne n'osa pratiquer une politique de franchise. Les dernières hésitations de M. Giolitti s'évanouirent quand il apprit que, de connivence sans doute avec les Jeunes-Turcs, les Allemands avaient des projets territoriaux sur la Tripolitaine.

Le 28 septembre 1911 M. di San Giuliano lança l'ultimatum qui ouvrit la guerre italo-turque et entraîna l'annexion de la Tripolitaine et de la Cyrénaïque. Il y était question de « l'opposition systématique la plus opiniâtre et la plus injustifiée à laquelle s'est constamment heurtée toute entreprise italienne en Tripolitaine et en Cyrénaïque », et on demandait « que le gouvernement impérial (ottoman) donnât les ordres nécessaires » pour que la conquête pût se faire sans contrecoups et sans aléas.

Le 6 octobre 1911, le général Caneva occupa Tripoli ; le décret d'annexion fut publié le 5 novembre 1911 et devint loi en février 1912. Après les négociations interminables d'Ouchy, où les plénipotentiaires turcs cherchaient les moyens de sauver la face, la paix fut signée à Berlin, le 18 octobre 1912. Si les incidents du *Carthage*, du *Manouba* et du *Tavignano* risquèrent un instant de brouiller les relations franco-italiennes, les agissements des agents allemands en Tripolitaine, l'activité italophobe du baron Marschall von Bieberstein à Constantinople et les injures de la presse berlinoise, parlant couramment « d'actes de brigandage », ne consolidèrent pas la Triple-Alliance. On dut laisser provisoirement sommeiller ces ressentiments : le 8 octobre 1912, le Monténégro avait déclaré la guerre à la Turquie ; celle-ci, huit jours plus tard, avait défié la Bulgarie ; la première guerre des Balkans était commencée.

Vaguement appuyée par l'Autriche-Hongrie, abandonnée par l'Italie, l'Allemagne n'eut pas à Algésiras le concours de la Russie sur lequel elle avait également compté. Son opinion, cette fois, avait varié. Elle avait suscité la querelle et décidé « la riposte », parce que les troupes russes avaient été malheureuses en Mandchourie. Les gentillesses de l'empereur et de l'empire, simples *captationes benevolentiæ*, devaient compléter l'œuvre des généraux du Mikado. Que pouvait-elle craindre d'une Russie amoindrie, battue par des jaunes, « matière humaine de qualité inférieure » ? Volontairement elle oubliait les déboires du général von Trotha dans l'Afrique occidentale et les difficultés insurmontables d'une campagne où le ravitaillement en hommes, en matériel et en munitions dépendait d'une interminable ligne de chemins de fer à voie unique. Les faits avaient déjoué toutes ses prévisions ; le « bon vieux Dieu » sommeillait. L'initiative du président Roosevelt avait fait signer la paix de Portsmouth le 14 août 1905, quand la réunion de la conférence était décidée depuis plusieurs mois. Même vaincue dans une guerre lointaine et déchirée par la Révolution, la Russie restait une adversaire redoutable.

Et l'ouragan n'avait pas brouillé sa mémoire. Mandaté par le comte Lamsdorff, le comte Cassini accomplit simplement et rigoureusement son devoir d'allié. Berlin s'en offusqua. Brutalement elle interdit à ses financiers de participer à l'emprunt russe du 26 avril 1906. Basses représailles qui confirmaient cette simple constatation du *Times* (1) :

L'alliance franco-russe a superbement subi l'épreuve. Si l'Allemagne a compté sur la défection de la Russie à Algésiras, — et elle a certainement, quand elle fit naître l'affaire, tablé sur la paralysie de la Russie — elle n'a pas compris la situation. La France et la Russie sont des alliées plus fidèles que jamais.

La fidélité de la Russie eut une conséquence heureuse.

De nombreux Anglais, continue le *Times*, espèrent que la conférence d'Algésiras stimulera la politique inaugurée par lord Lansdowne et sir Charles Hardinge : d'ajouter à

---

(1) Numéro du 2 avril 1906.

l'alliance franco-russe et à l'entente franco-anglaise cette entente cordiale anglo-russe qui en est le logique complément.

Au lendemain de l'accord franco-anglais de 1904, divers organes de la presse londonienne avaient exprimé ce désir. A la Chambre des Communes, le 12 avril 1904, lord George Hamilton l'avait fait sien et sir H. Fowler avait demandé pourquoi on ne traiterait pas avec l'empire des tsars comme on avait traité avec la France. Les libéraux-radicaux qui, moins de deux ans plus tard, devaient rentrer à Downing Street, persévéraient dans leurs vieilles préventions contre l'autocratie moscovite. « Morte la Douma, vive la Douma », devait s'écrier sir Henry Campbell-Bannerman. L'idée chemina lentement. Sir Arthur Nicolson, promu après Algésiras à l'ambassade de Saint-Pétersbourg, put reprendre ses conversations avec le comte Cassini. M. Isvolsky qui succéda au comte Lamsdorff s'y montra favorable. C'était, en Russie, le temps du recueillement, la fin des ambitions asiatiques. On s'y souvenait des services rendus par l'Angleterre lors de la conclusion de la paix japonaise. L'Angleterre désirait la paix en Asie, la tranquillité dans l'Inde et, sans doute aussi, quelques nouvelles garanties pour la paix européenne menacée de plus en plus par les appétits mondiaux de l'Allemagne. Un nouveau compétiteur apparut dans ce golfe Persique où toute atteinte aux droits anglais est considérée par le Foreign Office comme un *casus belli*. L'Allemagne dirigeait son chemin de fer de Bagdad vers ces régions interdites ; Steinrich, son remuant ministre, multipliait les liens ténus, mais tenaces qui conduisent à la mainmise politique. Déjà la *Hamburg-Amerika* commerçait en Perse ; la *Deutsche Orient Bank* sondait le terrain et un établissement financier travaillait à Téhéran. Il fallut prévenir la constitution d'un deuxième Maroc.

L'accord fut vite bouclé. La Russie se montra conciliante. Par les divers actes du 31 août 1907, les deux Puissances s'entendirent pour la Perse, l'Afghanistan et le Thibet. Le traité garantit l'intégrité et l'indépendance de la Perse, consacre le principe de la porte ouverte et délimite les sphères réciproques d'influence. Comme il prévoit, en outre, le maintien de l'ordre et de la tranquillité publics, il n'exclut pas toute possibilité d'intervention. La Russie reconnaît que « l'Afghanistan se trouve en dehors de la sphère d'influence russe » et se réserve le droit de régler directement avec l'émir les petites questions de frontières et autres qui ne présentent aucun intérêt politique. La convention thibétaine rend hommage à l'intégrité territoriale et à la suzeraineté chinoise ;

l'Angleterre y possède des droits spéciaux. Les deux Puissances renoncent à entretenir des représentants à Lhassa, à rechercher des concessions et à mettre la main sur les revenus publics.

C'était l'entente diplomatique pure et simple que l'entente cordiale des peuples ne sanctionnait pas encore. Avant de la signer, Nicolas II se rencontra avec Guillaume II à Swinemunde. Si elle n'était pas dirigée contre l'Allemagne, elle n'était pas orientée vers elle. A la politique allemande de la transformer soit en un puissant facteur de paix, soit en un redoutable instrument de guerre. Les liens entre Berlin et Saint-Pétersbourg restaient intimes ; mais leur rupture par l'Allemagne devenait singulièrement dangereuse.

L'intransigeance allemande à Algésiras refroidit les relations assez cordiales qui existaient entre l'Allemagne et les Etats-Unis. En juin 1905, le président Roosevelt avait conseillé à M. Rouvier d'aller à la conférence. En retour, l'empereur allemand lui avait promis de se rallier aux propositions que les Etas-Unis jugeraient acceptables. C'était un contrat d'honneur qui liait les deux chefs d'Etat. Quand la retraite du cabinet Rouvier eut accru les exigences de M. von Radowitz, M. Roosevelt télégraphia à son impérial ami de Berlin les conditions qui lui paraissaient acceptables : police des huit ports ; inspecteurs franco-espagnols, rapports au Sultan qui seraient communiqués à la légation italienne à Tanger et, ensuite, par le cabinet de Rome aux Puissances.

Guillaume II manqua une fois de plus à sa parole. Aggravant son cas, il transmit, les 14, 15 et 17 mars à Washington des dépêches mensongères sur un prétendu isolement de la France. Le piège, tendu par une main auguste, était grossier. M. White reçut l'ordre de suivre les plénipotentiaires français dont il appréciait la modération.

Aussitôt la grande république et son président baissèrent dans l'estime du pays de la *kultur*.

Il fut un temps, écrivit Daniel Frymann (1), — le souvenir en est douloureux pour l'orgueil et l'amour-propre allemands — où nous courtisions ce cousin par tous les artifices qu'enseigne la fréquentation des cours. Les braves gens de l'Union accueillirent nos protestations d'amour avec cette hautaine nonchalance qui sied si bien à leur barbarie et restèrent froids jusqu'au creux de l'estomac ; et quand se présenta l'occasion de témoigner à l'empire allemand de la bienveillance, ils firent régulièrement le contraire.

Les Américains supportèrent avec stoïcisme ce dur verdict. Depuis quelques mois, ils comparent la barbarie qu'on leur reproche à la civilisation raffinée dont se prévalent les Allemands.

---

(1) Op. cit., page 171.

M. de Bulow et son maître avaient manqué
leur riposte. Ils avaient voulu faire l'essai de résistance des ententes et des alliances qui les « encer-
claient » ; celles-ci avaient tenu bon. « Confiante
dans son prestige, enhardie par ses faciles succès
de 1905, l'Allemagne avait voulu forcer la fortune ; la fortune lui avait résisté (1). » Bismarck,
brute de génie et diplomate habile, eût profité du
stupide incident pour se rapprocher de la France
et s'insinuer dans l'entente franco-anglaise. Plus
d'une fois, M. de Bulow protesta quand on lui
reprocha de « chausser les bottes » de l'illustre
Brandebourgeoïs. Ces bottes n'étaient pas à sa
mesure. Il eût pu, sur le tard, se faire pardonner
l'offense et se montrer conciliant quand apparut
l'isolement de son pays. Il manqua le coche ;
il céda à la onzième heure ; le recul n'était plus
méritoire ; ses mensonges innombrables et son
bluff criminel étaient percés à jour. La soumission
ne lui valut ni sympathies ni reconnaissance. Le
Times le constate en ces termes (2) :

En soulevant l'incident marocain, l'Allemagne a, d'une
manière éclatante, consolidé l'entente franco-anglaise
qu'elle avait voulu ébranler. L'appui habile et plein de
tact que sir Arthur Nicolson prêta à la France à Algésiras et, plus encore, la politique sage et ferme dont sir

------

(1) André Tardieu, *Revue des Deux-Mondes*, 1er mars 1907,
page 111.
(2) Numéro du 2 avril 1906.

Edward Grey ne se départit à aucun moment, montrèrent à l'univers que la communauté d'intérêts entre la Grande-Bretagne et la République devenait de jour en jour plus intime.

C'est ainsi que l'outrecuidance, l'incapacité et la mauvaise foi de l'empereur, du chancelier et des diplomates préparèrent à l'Allemagne impériale sa première et sa plus retentissante défaite diplomatique. Le charme, désormais, était rompu. Amèrement le pangermanisme constata que « le respect s'était évanoui ». La sagesse politique commandait de s'incliner, de reconnaître l'égalité de droits de tous les membres de la famille internationale, de tirer profit d'une situation que l'on ne pouvait modifier. Berlin n'écouta pas ce langage ; la *Weltpolitik* a des raisons que la raison ne comprend pas. Algésiras conduisit les Russes à Londres et les Italiens à Tripoli ; l'annexion de 1908, les guerres balkaniques, Agadir, Durazzo, la guerre de 1914 : telles en furent les autres conséquences.

CHAPITRE VII

VERS LA GUERRE

SOMMAIRE. — La *Panther* à Agadir : Le but poursuivi ;
le verdict du pangermanisme. — L'attitude de l'Angleterre. — Les demandes de M. von Kiderlen-Waechter.
— Le traité du 4 novembre 1911 : Son accueil en Allemagne ; ses leçons. — L'Allemagne prépare la guerre :
Les parlotes pacifiques ; les justifications des lois militaires et navales. — La loi du 30 juin 1913 : Son but ;
la situation politique au dehors ; « l'ennemie héréditaire ». — La réponse française et l'opinion allemande.
— La diplomatie signale le danger.

Algésiras ! Inconnu, il y a dix ans, le nom de
cette coquette petite ville espagnole, campée à la
pointe extrême du continent européen, est inscrit
en immenses lettres gothiques sur le poteau indi-
cateur qui signale la bifurcation des voies de
l'Allemagne impérialiste. Avant la conférence,
Guillaume II et ses ministres préparaient la guerre,
mais protestaient de leurs intentions pacifiques.
Peut-être, dans des moments de calme, se ren-
daient-ils compte des avantages immenses que
procurait la paix à leur pays ! Quand l'accord des
Puissances eut triomphé de leurs ambitions excessives, la préparation de la guerre absorba toute

leur activité. S'ils consentent encore à vanter les bienfaits de la paix qu'ils méprisent et à écouter d'une oreille distraite les propositions d'arbitrage international et de limitation concertée des armements dont ils connaissent le caractère utopique, leur pensée est ailleurs et leur peuple la partage.

Impassible, l'Europe enregistre les déclarations des pangermanistes. Lubies d'un petit groupe d'exaltés que les gouvernants ne partagent pas! Chaque pays a ses chauvins. Parfois, il est vrai, Guillaume II en fait le sujet de ses harangues enflammées. On le pardonne. Personne n'a jamais parfaitement exploré les horribles bas-fonds de sa nature troublée. Ne faut-il pas hurler avec les loups ? Les journaux allemands entretiennent l'erreur ; ils parlent de Guillaume le Timide. Le crime de lèse-majesté reste impuni ; la censure ne brandit pas ces ciseaux. On dit que le comité Nobel songea à faire de Guillaume Augustule Guillaume le Pacifique.

Les soucis de l'expansion industrielle et commerciale, la vaste entreprise de Bagdad, les ambitions turques, le développement des possessions coloniales accaparent son imagination débordante. Les distractions, par ailleurs, ne manquent pas : les croisières dans les fjords de la Scandinavie, les visites désirées ou non désirées aux souverains et aux peuples étrangers, l'oppression

systématique des ilotes polonais dans les marches
de l'est, la chasse à courre des Danois du Slesvig,
l'extermination des Alsaciens-Lorrains de la terre
d'empire... Jamais existence ne fut plus occupée,
plus criminellement occupée. Guillaume II renou-
velle les exploits de Tibère, de Caligula, de Gengis
Khan, de Tamerlan ; on ne le peut comparer aux
rois fainéants, rejetons décrépits et sans sève des
rois mérovingiens.

Une première fois, le tocsin sonne sur les douloureuses rives marocaines. Oublieux de ses devoirs, un consul allemand avait installé à Casa-
blanca un centre de désertion ; des désordres et
un grave incident international s'en suivirent.
Guillaume II, que le prince de Bulow conseille
encore, comprend l'erreur. Trop de hâte nuit. C'est
un faux départ. Il faut chercher ailleurs. Soutenus
par leur gouvernement et hautement encouragés
par les pangermanistes de tout crin, les frères
Mannesmann et une nuée d'autres spéculateurs
sans vergogne exploitent l'arrangement franco-
allemand de 1909 et opèrent la cueillette des concessions qu'ils ne peuvent pas exploiter.

Loyalement le Gouvernement français contre-
carre ce jeu perfide que peut-être il ignore. Ac-
complissant à la lettre les stipulations du traité
franco-anglais, du traité franco-espagnol, de l'acte
d'Algésiras, de l'accord franco-allemand, il colla-

bore, au prix de mille sacrifices, à l'œuvre de pacification. Il dédaigne de prendre note des encou-
ragements que Berlin prodigue à Moulaï-Hafid,
révolté contre Abdul-Aziz, l'homme-lige de M. von
Tattenbach. Lorsque la révolution ensanglante
la capitale de l'Empire chérifien, les troupes françaises s'y rendent sur l'appel pressant du sultan.
N'ayant pas trouvé l'occasion d'intervenir, l'Allemagne se contente d'un prétexte : l'entrée des
troupes françaises à Fez. Et elle y joint des lésions
imaginaires d'intérêts allemands.

Le moment est merveilleusement choisi. Depuis
Frédéric II, les Hohenzollern étudient *El Principe*.

Edouard VII n'est plus là pour surveiller le
mouvement des pions sur l'échiquier. Le 6 mai
1910, une mort prématurée l'a ravi à l'amour de
ses sujets et à l'affection de l'Europe. Guillaume II
spécule sur l'inexpérience, qu'il prête généreuse-
ment au roi Georges V, comme il spécule sur la
bonté de l'empereur russe. Du 17 au 20 mai 1911,
il a séjourné à Londres avec sa femme et sa fille
pour capter la confiance revêche des Anglais, et
prodigué les plus basses flatteries aux « cousins »
ingrats, peu fiers de cette lointaine et encombrante parenté. Les souverains anglais sortent des
fêtes du couronnement et se disposent à aller en
Irlande, en Ecosse et aux Indes. Amis de la paix,

les ministres libéraux ont, de 1906 à 1908, rogné
sur le budget de la marine et limité les constructions navales. Berlin, cependant, les aime peu et
reste méfiante : sir Edward Grey, d'un pas ferme
que rien ne fait dévier, suit la politique extérieure augurée par le marquis de Lansdowne. Les
cabinets tombent, le Foreign Office demeure.
Mais l'âpre bataille constitutionnelle bat son plein,
rétrécissant peut-être le champ visuel des champions.

La France est gouvernée par le cabinet présidé
par M. Joseph Caillaux. M. de Selves, ministre
des Affaires étrangères, est un nouveau venu au
Quai d'Orsay. L'Allemagne méprise l'armée française issue de la loi de deux ans ; sa flotte est in-
contestablement supérieure à la flotte française.
Qui songerait au Maroc, au Congo, aux intérêts
coloniaux, à l'équilibre européen, pendant que le
Parlement élabore des réformes fiscales, scolaires
et sociales ? Sans doute la France pacifique consentira à la prolifique Allemagne un peu plus de
place au soleil ! C'est l'époque où des écrivains
bien intentionnés sans doute, mais fort mal inspirés et très mal documentés vantent les gloires
allemandes, célèbrent la prétendue supériorité des
races germaniques sur les races latines, mesurent
en l'exagérant l'essor économique du peuple allemand, s'hypnotisent sur la paille qui les fait cli-

gner des yeux et n'aperçoivent point la poutre qui barre l'horizon à l'Allemand aux lunettes de clinquant doré. Le président Fallières a accepté de se rendre, le 3 juillet 1911, à Amsterdam pour faire visite à la reine de Hollande.

Aucun nuage ne plane sur les relations germano-russes. On se croirait revenu aux beaux jours de la Sainte-Alliance, de l'entente des Trois Empereurs, du pacte de contre-assurance. Les 4 et 5 novembre 1910, les deux empereurs, accompagnés de leurs ministres, ont amicalement conversé à Potsdam. Des pourparlers sont engagés pour aplanir quelques vagues différends coloniaux ; on parle de la Perse, du chemin de fer de Bagdad, sans doute aussi de la défense des frontières polonaises. Annoncé dès janvier 1911, l'arrangement colonial sera signé en pleine crise marocaine, le 19 août 1911. L'intimité entre les deux cours est tellement apparente que de bons Français se mettent à trembler pour l'avenir de l'alliance franco-russe et que les Anglais prévoyants renoncent à déduire des conséquences politiques générales de l'accord anglo-russe de 1907. « La récente entrevue, dit M. von Bethmann-Hollweg au Reichstag (1), a démontré, une fois de plus, qu'aucune des deux Puissances n'est disposée à s'aven-

____

(1) Séance du 10 décembre 1910.

turer dans une combinaison dont la pointe serait dirigée contre l'autre. »

Appréciation de néophyte que le prince de Bulow n'aurait pas risquée! La Russie n'a pas oublié l'aventure bosniaque qui ne profita pas au voleur qui l'organisa. En créant sur son flanc sud une Alsace-Lorraine slave dont elle avait l'usufruit, la Monarchie austro-hongroise a accru sa faiblesse et non pas sa puissance. Pour maintenir les colères serbes et slaves, Guillaume II a dû envoyer à son impérial ami de Saint-Pétersbourg un ultimatum arrogant qui eut son effet, parce que les forces russes n'étaient pas remises en état. Libéraux et cadets, octobristes et réactionnaires se souviennent de la *schimmernde Wehr* (cuirasse étincelante) qui les a empêchés de voler au secours de leurs frères tyrannisés.

Le 1ᵉʳ juillet 1911, la sirène de la *Panther* retentit en rade d'Agadir. Deux jours plus tard, un communiqué officiel, reproduit aussitôt par la *Norddeutsche Allgemeine Zeitung*, expliqua, en ces termes, la violation de l'acte d'Algésiras :

Les firmes allemandes engagées dans le Maroc méridional et, notamment, à Agadir et dans ses environs ont été émues par les troubles, venus d'autres parties de l'Empire, qui fermentent parmi les tribus de cette région. Elles ont prié le gouvernement impérial de protéger leurs vies et leurs propriétés. Sur leur demande, le Gouvernement a décidé d'envoyer dans le port d'Agadir le navire *Panther* qui, en cas de besoin, apportera aide et protection aux sujets, aux protégés et aux très graves intérêts allemands dans ces pays. Le navire, chargé de cette mission, quittera Agadir aussitôt que la paix et l'ordre seront rétablis au Maroc.

Auprès de M. de Selves, l'Allemagne insista sur le caractère essentiellement provisoire de la présence de la *Panther*. Le provisoire devait durer aussi longtemps que les désordres marocains ; comme ceux-ci venaient en grande partie du fait des Allemands, des protégés allemands et des entraves que Berlin apportait chaque jour à l'action combinée du sultan, de la France et de l'Espagne, l'aventure risquait de durer indéfiniment.

L'argument invoqué par le cabinet de Berlin n'était qu'un vain prétexte. Pourquoi la *Panther* qui, comme par hasard, croisait sur les rives atlantiques, fut-elle envoyée à Agadir ? Fut-ce pour y préparer l'occupation définitive de tout ou partie de la côte du Sous ou pour arracher à la France tout ou partie de sa colonie congolaise ? Sociétés coloniales et assemblées pangermanistes plaidaient la cause d'un établissement allemand au Maroc. Dès le 20 mars 1904, le congrès d'Esslingen avait fait savoir au gouvernement de Berlin

« que le Maroc peut devenir une colonie de peuplement et d'agriculture, en même temps qu'il serait un point d'appui des plus précieux pour notre flotte sur une route de navigation des plus importantes... »

« L'opinion publique allemande, constate M. Herggelet (1), voulait le Maroc et, en le voulant, elle nous a nui beaucoup. » L'acte d'Algésiras et le traité franco-allemand du 9 février 1909 avaient anéanti ces espérances. Qu'importait aux pangermanistes et au peuple allemand ce double chiffon de papier ? M. von Bethmann-Hollweg et M. von Kiderlen-Waechter n'ignoraient pas que l'occupation du Sous et la création d'un appui naval à Agadir ne seraient jamais tolérées par l'Angleterre. C'est pourquoi ils se cramponnèrent à l'idée d'un chantage ; pour faciliter l'opération, ils l'appelèrent « compensation ». Le 27 mai 1904, l'Assemblée coloniale allemande, réunie à Stettin, en avait posé les jalons :

Au cas où le *statu quo* serait modifié en faveur de la France, l'Empire allemand devrait recevoir des compensations au moins égales à l'accroissement de la puissance française, compensations correspondant à la fois à l'importance de ses intérêts économiques dans le pays, aux besoins qu'a sa flotte de points d'appui maritimes et aux besoins d'expansion de sa population (2).

A cette résolution était joint ce commentair singulier qui répondait aux vœux de la population :

Le comte Pfeil, qui s'était chargé de faire le rapport sur la question, a dit que l'Empire avait encore la possibilité

---

(1) *Ueber die Wahrscheinlichkeit eines Krieges zwischen Deutchland und England und ueber die Zukunft der beiden Laender, Wigand,* Leipzig, page 75.

(2) Dépêche de M. Bihourd à M. Delcassé, du 30 mai 1904.

de mettre la main sur une terre où l'Allemagne pouvait
prospérer, qu'il fallait diriger vers le Maroc les 32,000 émigrants qui vont chercher fortune aux Etats-Unis tous les
ans, que ces émigrants trouveraient là un climat et des
conditions de production appropriés à leur activité, qu'enfin,
au point de vue politique, le Maroc était à l'heure présente
le seul point d'appui dont pourrait se servir la marine
allemande pour maintenir, au cas de complications internationale, le libre passage entre l'Atlantique et le canal
de Suez.

Ces considérations étaient connues en Angleterre et en France. Ces deux Puissances ne pouvaient ni ne voulaient tolérer que, en vue de complications internationales possibles, l'Allemagne
s'installât à la porte de la Méditerranée. Le rai-
sonnement du comte Pfeil peut s'appliquer aussi
bien à Cherbourg, à ce qui restait à la France en
Lorraine, à l'Ecosse, à l'Irlande. *Voluntas regis,
suprema lex* : il sied aux Allemands loyalistes de
s'incliner devant cette devise de leur empereur.
La science du droit enseigne que les lois ont un
caractère strictement territorial et personnel.
L'Europe n'était pas disposée à recevoir les lois
et les volontés allemandes. C'est pourquoi, à leur
grand regret, Guillaume II et ses conseils durent
se rabattre sur des « compensations » territoriales
que la France pacifique ne leur refusa pas.

MM. von Bethmann-Hollweg et von Kiderlen-Waechter,
écrit M Daniel Frymann (1), ont déclaré qu'ils n'ont ja-

---

(1) Op. cit., page 13.

mais envisagé des conquêtes territoriales au Maroc, bien que les gouvernements français et anglais l'aient pensé et que l'opinion allemande ait interprété dans ce sens l'apparition de la *Panther* à Agadir.

Et le pangermanisme enferma les deux hommes d'Etat, le successeur de Bismarck et le malhabile imitateur de Bismarck, dans ce cruel dilemme :

Ou nous sommes allés à Agadir pour « faire acte de présence » contre la France et obtenir un morceau de Congo ; dans ce cas l'aventure témoigne d'une myopie psychologique et politique sans pareille, monstruosité de la part de gens placés à la tête d'un pays ;

Ou nous y sommes allés, ignorant que, à moins d'une humiliation de la France ou de l'Allemagne, ce serait la guerre, ce qui implique une méconnaissance incroyable des principes élémentaires de la politique.

La condamnation est sans appel :

L'abandon du Maroc à la France est un crime politique contre l'avenir de notre pays.

Si, décidé à cet abandon, on est allé à Agadir pour arracher une compensation ailleurs, on a commis un crime politique. Pour obtenir un tel avantage qui, en fait, ne fut qu'une perte, on s'est exposé à la guerre ou à l'humiliation diplomatique

Si on a espéré que l'acquisition d'un morceau du Congo français et l'abandon simultané du Maroc feraient oublier comme par enchantement au peuple allemand vingt années de déboires et créerait une excitation nationale suffisante pour consoler des misères de la politique intérieure, on s'est honteusement trompé au sujet de la dynamique de la vie des peuples, surtout du peuple allemand. *Des hommes d'une compétence et d'une véracité absolues m'ont affirmé que ce fut là le but réel de l'entreprise.*

Laissons nos bons voisins à leur « querelle d'Allemands ». L'histoire jugera les très graves responsabilités qu'ont encourues certains acteurs de la sombre tragédie d'Agadir. De l'aveu même des pangermanistes, des considérations de politique intérieure allemande influèrent sur cet événement politique qui fut menaçant pour la paix du monde. La politique extérieure y eut sa part. Ne fallait-il pas, une fois encore, essayer la force de résistance des alliances politiques ? Pour assurer la prédominance allemande en Europe, il importait d'isoler la France de la Russie, « préoccupée uniquement du développement intérieur de son immense empire... et hostile aux aventures internationales, » et de l'Angleterre, « animée d'inspirations très pacifiques et facile à manier » quand elle est seule (1). L'Allemagne entière applaudit quand la *Panther* parut à Agadir ; « elle espérait qu'un grand coup serait porté, et que ce coup réussirait (2) ».

Ce coup ne réussit pas. Le 6 juillet 1911, M. Asquith déclara à la Chambre des Communes :

Je désire que l'on comprenne clairement que, de l'avis du Gouvernement de Sa Majesté, une nouvelle situation s'est produite au Maroc. Les développements possibles de cette situation pourraient, plus directement que par le

---

(1) *Gazette de Cologne*, Numéro du 12 septembre 1911.
(2) Daniel Frymann, Op. cit., page 13.

passé, toucher aux intérêts britanniques. J'espère que les discussions diplomatiques en fourniront la solution. Dans l'attitude que nous y prendrons, nous tiendrons compte de ces intérêts qui doivent être protégés et de nos obligations contractuelles envers la France.

Sept jours plus tard, un fait considérable répondit à la provocation allemande : l'alliance anglo-japonaise fut renouvelée pour une période de dix années. Dans le traité revu et corrigé, l'Allemagne put lire ces deux articles :

Art. 2. — Si, à la suite de l'attaque non provoquée ou de l'agression quelconque d'une ou de plusieurs Puissances, l'une des Hautes Parties Contractantes est impliquée dans une guerre pour la défense de ses droits territoriaux ou des intérêts spéciaux mentionnés dans le préambule de cet accord, l'autre Haute Partie Contractante viendra aussitôt au secours de son alliée, conduira la guerre en commun et conclura la paix d'un commun accord avec elle.

Art. 5. — Les conditions dans lesquelles les deux Parties se prêteront, dans les circonstances indiquées dans le présent accord, leur concours armé et les moyens par lesquels celui-ci sera fourni seront déterminés par les autorités militaires et navales des Hautes Parties Contractantes qui, de temps à autre, discuteront entièrement et franchement toutes les questions d'intérêt commun.

La *Frankfurter Zeitung* (1) constata aussitôt que, « au cas d'une guerre entre l'Angleterre et une puissance continentale, disons l'Allemagne », ce traité « acquerrait une importance capitale ».

---

(1) Numéro du 16 juillet 1911.

Elle s'empressa d'ajouter : « Comme une telle guerre est improbable au plus haut degré et que, dans un avenir lointain, aucune nouvelle guerre russo-japonaise n'est à craindre, l'alliance des deux Puissances navales n'est qu'une forme vide. » Ce fut le commencement de la sagesse.

Le 15 juillet 1911, M. von Kiderlen-Waechter découvre ses batteries. Les côtes et l'intérieur du Congo français jusqu'à la Sangha et la cession du droit de préemption sur le Congo belge : telles sont les « compensations » que l'Allemagne exige de la France. « Compensations » ! L'expression ne manque pas de piquant. L'Allemagne n'a rien cédé à la France. Celle-ci est coupable parce que, « sur la demande du chérif, elle a aidé le Maghzen à maintenir sa souveraineté, à rétablir l'ordre et la paix sur une partie de son territoire (1) ». « Bluff audacieux, qui n'est ni très adroit, ni très judicieux et qui a sans doute des dessous électoraux » : les faits justifièrent cette cruelle appréciation. Et le grand journal de la *City* ajoute : « Les hommes d'Etat allemands doivent savoir qu'aucun gouvernement britannique ne consentira à une modification aussi considérable du pouvoir en Afrique, même s'il se trouvait un gouvernement français assez faible pour l'admettre. »

____

(1) Le *Times*, 21 juillet 1911.

Au banquet que le lord-maire offrit, le 21 juillet suivant, aux banquiers de la cité, Mr. Lloyd George prononça de graves paroles qui, confirmées aux Communes par Mr. Asquith et sir Edward Grey, au nom du Gouvernement, par Mr. Balfour, au nom de l'opposition conservatrice-unioniste, par Mr. Ramsay Mac-Donald, au nom du parti ouvrier, renseignèrent l'Allemagne sur les intentions du peuple britannique :

Je suis prêt, dit Mr. Lloyd George, à faire de grands sacrifices pour maintenir la paix. Seules, à mon avis, les questions nationales les plus graves peuvent justifier la perturbation de la bonne volonté internationale. Mais si on nous accule à une situation où le maintien de la paix exige que nous renoncions à la position que la Grande-Bretagne a acquise par des siècles d'héroïsme et de travail ou que nous tolérions que l'Angleterre soit traitée, quand ses intérêts vitaux sont en cause, comme si elle ne comptait pas au conseil des nations, j'affirme avec emphase qu'une paix, à ce prix, constitue une humiliation intolérable pour un grand pays comme le nôtre.

« L'honneur national, dit encore Mr. Lloyd George, n'est pas affaire de parti ; de même la sécurité de notre grand commerce international. » Mr. Balfour informa ceux qui ont compté sur les difficultés parlementaires pour triompher de la Grande-Bretagne « qu'ils ont méconnu le tempérament du peuple anglais et le patriotisme de l'opposition de quelque côté qu'elle siège. » Très simplement, Mr. Ramsay Mac-Donald fit savoir que « l'esprit de parti n'affaiblit pas l'esprit national, ni l'unité nationale ». Rendant compte de ces nobles déclarations, le *Times* constata qu'il y eut aux Communes un long silence : « Il semblait, écrit-il, que l'imminence d'une issue suprême excluait de l'ordre du jour toute autre question (1). »

Ni la France ni la Grande-Bretagne n'admirent les prétentions à l'hégémonie universelle de M. von Kiderlen-Waechter. Suivant l'expression triviale, l'Allemagne impériale dut mettre les pouces ; elle les mit lentement, à regret, contrainte par des forces supérieures aux siennes. Dédaigneusement, par le traité du 4 novembre 1911, la France lui jeta l'os congolais : environ 275.000 kilomètres carrés de terres françaises arrosées du sang fécond des pionniers de la civilisation. Les contrats du 4 novembre présentent un caractère synallagmatique qui semble en garantir l'équité. L'Allemagne céda à la France de 12,000 à 15,000 kilomètres de terres sans valeur économique quelconque et le droit d'établir au Maroc un protectorat étroitement conditionné. Pour arriver à ce stupide chantage, elle avait risqué la guerre et donné les ordres préliminaires de la mobilisation ; la Grande-Bretagne avait réuni ses cuirassés, la France avait dénombré ses effectifs.

---

(1) Numéro du 21 juillet 1911.

« Le traité du 4 novembre 1911, écrivit en 1912 le colonel Pellé, attaché militaire de l'ambassade française à Berlin, fut une profonde désillusion (1). » Il fut, pour l'Allemagne, « un déboire....., une défaite diplomatique, une preuve de l'incapacité de la diplomatie allemande et de l'incurie du Gouvernement, si souvent dénoncées, la preuve que l'avenir de l'Empire n'est pas assuré sans un nouveau Bismarck, une humiliation nationale, une déconsidération européenne, une atteinte au prestige allemand, d'autant plus grave que, jusqu'en 1911, la suprématie militaire de l'Allemagne était incontestée et que l'anarchie française, l'impuissance de la République étaient une sorte de dogme allemand (2) ». Le pangermanisme ne fut pas moins sévère :

Ce fut une aventure grotesque qui se termina par un effondrement politique et moral. Toute action du chancelier et du secrétaire d'État amena une défaite. Les débats de la Chambre française et du Parlement anglais soulignèrent les erreurs de la diplomatie allemande. Il resta l'acquisition des marais congolais et un profond dégoût pour une entreprise qui devait aider au relèvement national (3).

L'échec ne fut pas immérité ; il n'aurait pas dû étonner les amis de la « kultur ». Les mauvaises

---

(1) Livre jaune français, Rapport du lieutenant-colonel Serret à M. Etienne.

(2) Livre jaune, Note à M. Pichon, du 30 juillet 1913.

(3) Daniel Frymann, Op. cit., page 15.

graines ne lèvent pas ou lèvent mal. Pouvait-on espérer de grosses « compensations » pour des services qui n'avaient pas été rendus ? Quoi qu'en aient dit ou pensé les Allemands, enclins cette fois à se dénigrer eux-mêmes, la cession consentie par la France était considérable et pénible au patriotisme français. Les ambitions allemandes étaient excessives et se heurtèrent à trop forte partie. La France était forte, résolue, et elle n'était pas seule :

Les progrès de l'armée française, le relèvement moral de la nation, l'avance technique prise dans le domaine de l'aviation et dans celui des mitrailleuses, rendaient une attaque contre les Français moins facile que dans la période précédente (1).

Et « il fallait s'attendre, en outre, à une attaque de la flotte anglaise ». Les viriles paroles des ministres et le langage de la presse anglaise avaient exprimé la décision résolue de notre amie de l'Entente cordiale. A peine remise de la tourmente mandchourienne, la Russie s'était montrée prête à faire tout son devoir d'alliée. Magnifiquement les alliances avaient résisté au nouvel essai de résistance auquel l'orgueil allemand les avait soumises.

L'erreur comportait de graves leçons : l'utopie de la *Weltpolitik* de Guillaume II, irréalisable paci-

---

(1) Livre jaune, Annexe au Numéro 2, page 10.

fiquement et en temps de paix, et l'invincible résistance que les peuples étrangers, jaloux de leur indépendance et de leur liberté, opposent aux tentatives d'absorption teutonne. Le peuple allemand s'était aperçu aussi que Bismarck était mort et n'avait pas laissé d'héritiers. « Si, un jour, avait dit l'ermite de Friedrichsruhe, un bureaucrate prussien, un bureaucrate vrai, authentique devient chancelier, ce sera la ruine de l'Empire. » L'amère prophétie se réalisait. D'âpres sarcasmes accablèrent le triste von Kiderlen-Waechter qui prétendait « singer » Bismarck jusque dans ses manies physiques. Le héros d'Agadir fut, pendant de longs mois, « l'homme le plus haï de l'Allemagne (1) ». Il commença à « n'être plus que déconsidéré quand il laissa entendre qu'il prendrait sa revanche ». La mort l'en empêcha ; elle ne laissa aucun vide.

La « profondeur » allemande (*Gruendlichkeit*) pénètre tous les secrets, possède toutes les sciences divines et humaines, extrait la quintessence de toutes les conquêtes de l'esprit humain. Elle n'aperçoit pas la fatale contradiction qui existe entre gouvernement autocratique et administrtion sage. La vie publique allemande est régie par ces deux principes des anciens Césars : *Sit pro ratione voluntas*, et *Voluntas regis suprema lex.*

---

(1) Livre jaune, Numéro 5.

Que les hommes de valeur rentrent dans le rang !
Les dignités et les honneurs vont à qui est bien
en cour et non pas au vrai mérite ; la flexibilité de
l'échine est plus prisée que l'acuité de l'intelligence et la force de la volonté. « De tous les maux
qui nous peuvent atteindre, a écrit Treitschke,
le plus grand serait un gouvernement impérial
faible. » Y a-t-il un gouvernement allemand ?
Le pangermanisme pose la question et la résout
par la négative. L'empereur gouverne, les ministres obéissent.

Maintes fois et, très explicitement, dans le
célèbre discours de Koenigsberg dont M. von
Bethmann-Hollweg assuma galamment toute la
responsabilité (1), Guillaume II fit savoir à ses
sujets, à l'univers qu'il tient son mandat souverain de « son bon vieux Dieu » et qu'il « se considère comme l'instrument du Seigneur ». Dans la
bouche de ce pseudo-croyant, ces sacrilèges ont
une saveur singulière. Participant à l'infaillibilité, à l'omniscience et à la toute-puissance de
son mandant, le cynique empereur n'a pas besoin
d'être conseillé ; il est chancelier, chef d'état-major,
ministre des Affaires étrangères, commandant en
chef des armées de terre et de mer. Il emploie des
instruments inertes pour exécuter ses volontés et

____

(1) 25 août 1910.

non pas des hommes qui pensent et qui agissent. Il manqua, ces jours derniers, à sa haute mission quand il envoya à Rome le diplomate « réchauffé » qui lui valut l'amère humiliation de novembre 1908. Ni les individus, ni les peuples ne peuvent cumuler tous les bonheurs. L'Allemagne a la bonne fortune d'être gouvernée par un monarque de droit divin. Que cet honneur lui suffise ! Qu'elle renonce à réclamer une diplomatie intelligente et habile dont elle n'a que faire !

Quand elle eut encaissé sa part du Congo français, dernière conquête de sa diplomatie « armée », elle prépara ouvertement la guerre. Sa politique devient alors tortueuse, incertaine, ambiguë ; elle déconcerte, trouble, heurte, n'inspire à personne confiance et sécurité. D'une oreille distraite, elle écoute les propositions d'arbitrage international et de limitation des armements qui lui viennent surtout d'Angleterre. En janvier 1912, lord Haldane, lord Charles Beresford et sir Ernest Cassel se rendent à Berlin pour y disserter sur l'insoluble problème. On cause parce qu'on veut causer et que, sans doute, on a intérêt à causer ; on n'espère aucun résultat.

Dès le 10 décembre 1910, M. von Bethmann-Hollweg a fait connaître son opinion :

Comme l'Angleterre, nous désirons éviter la concurrence des armements. Au cours des pourparlers préparatoires, inspirés par un esprit de mutuelle amitié, qui ont eu lieu de temps à autre, nous avons reconnu qu'une discussion franche et loyale, suivie d'un accord sur les intérêts politiques et économiques réciproques est le moyen le meilleur pour écarter la défiance née des forces comparatives sur terre et sur mer des deux puissances.

C'était parler pour ne rien dire. A quoi rimait cet inutile verbiage ? Quelques mois plus tard, le 30 mars 1911, le chancelier démontra l'impossibilité de conclure des ententes limitant les armements :

Si, dit-il, les Puissances désirent procéder à un désarmement international général, elles doivent, tout d'abord, déterminer exactement leurs situations réciproques. Elles dresseront ensuite une liste de classement mathématique basée sur leurs zones d'influence. On pourra suivre peut-être la procédure des syndicats industriels. Je me garderai de faire le projet d'une pareille répartition.

Quand lord Haldane, Guillaume II et M. von Bethmann-Hollweg eurent échangé d'inutiles protestations de bienveillance, Mr. Winston Churchill définit en ces termes la politique anglaise :

La marine britannique est pour nous une *nécessité* et à divers points de vue, la marine allemande est, pour l'Allemagne, *une sorte de luxe*. De notre puissance navale dépend *l'existence* même de l'Empire britannique. Ce qui signifie pour nous *existence*, signifie, pour l'Allemagne, *expansion*. Toute la fortune de notre race et de notre empire, tous les trésors accumulés par des siècles de sacrifices et de travail disparaîtraient complètement, si notre suprématie navale était mise en danger. C'est la marine britannique qui a fait de la Grande-Bretagne une grande Puissance. L'Allemagne était une grande Puissance avant de posséder un seul navire... Le Gouvernement est bien résolu à maintenir la suprématie navale que possède actuellement l'Angleterre.

Le 16 décembre 1914, une flottille de croiseurs allemands se rendit sur les côtes du Yorkshire, confirmant toutes les craintes du Premier Lord de l'Amirauté. Au nom de l'Allemagne, l'amiral von Koester déclara : « C'est notre existence même qui sera en jeu le jour où nous aurons la guerre avec la puissance navale la plus forte. » Les deux thèses sont contradictoires et excluent toute entente. Le 26 mars 1913, Mr. Winston Churchill fit un dernier effort pour atténuer la ruineuse concurrence navale : il proposa l'arrêt simultané, pendant une année, des constructions de toutes les puissances. L'Allemagne déclina l'offre.

Dans le Mémoire soumis à Mr. Borden, premier Ministre du Canada, l'Amirauté consigna ces mélancoliques réflexions :

Il y a quinze ans, la marine allemande était inexistante. Mais, par bonds successifs, elle est devenue formidable. L'Angleterre n'a rien fait pour provoquer cette course aux armements. En 1906, 1907 et 1908 elle a réduit considérablement le nombre des navires mis en chantier, espérant que l'Allemagne suivrait cet exemple. Celle-ci a non seulement augmenté le nombre des bâtiments mis en chantier, mais a même accru le nombre de navires maintenus, pendant toute l'année, à effectifs complets.

Dans son discours du trône du 7 février 1912, Guillaume II annonça le dépôt prochain de nouveaux projets militaires et navals :

La prospérité des œuvres pacifiques édifiées chez nous et au delà des mers dépend de la puissance de l'Empire. Celui-ci doit rester assez fort pour pouvoir à toute heure défendre son honneur national, sa prospérité et ses intérêts légitimes dans le monde. C'est pour cette raison que je m'empresse toujours de maintenir et d'augmenter sur terre et sur mer la défense nationale de notre peuple, si riche en jeunes gens capables de porter les armes.

Quelques chiffres pour mesurer le chemin parcouru par l'Allemagne depuis que son empereur lui a indiqué son véritable avenir. Les trois colonnes ci-dessous indiquent le nombre des cuirassés et des croiseurs, l'effectif des marins et la force en chevaux-vapeur de la flotte de guerre allemande :

	Cuirassés et croiseurs.	Chevaux-vapeur.	Marins.
1900	55	410.070	28.326
1905	69	682.670	40.862
1906	74	746.080	43.669
1907	80	801.320	46.951
1908	86	934.080	50.536
1909	89	980.680	53.947
1910	94	935.480	57.374
1911	94	1.294.589	60 804
1912	99	1.515.340	64.525
1913	95	1.505.460	73.149

Le tableau est incomplet. Dans la colonne des cuirassés et des croiseurs figurent des Dreadnougth formidables et des petits navires dont la valeur combative est réduite. L'amiral Togo vainquit aisément la nombreuse armada de l'amiral Rodjestvensky. Il ne nous sied pas d'entrer dans les détails concernant l'âge, l'armement, l'homogénéité, le degré d'entraînement, l'efficacité du tir des navires allemands. De 1900 à 1913, la force en chevaux-vapeur progressa de 410,000 à 1 million 505,460 chevaux, soit de 267 0/0, les effectifs des équipages de 28,326 à 73,149 officiers et marins ou de 158 0/0. L'empereur Guillaume II fut mal inspiré quand il voulut établir une corrélation entre les effectifs navals et le nombre « des jeunes gens capables de porter les armes ». De 1900 à 1913, la population allemande augmenta de 19 0/0.

L'amiral von Tirpitz et ses collègues n'eurent pas à faire de grands frais d'imagination pour convaincre le Reichstag de la nécessité des innombrables lois navales. Régulièrement ils se contentèrent de répéter, en l'amplifiant, ce principe fondamental de la loi de 1900 : « L'Allemagne doit posséder une flotte telle que, même pour la plus grande Puissance navale, une guerre entraînerait de tels risques que sa suprématie, après une pareille guerre, serait douteuse. » « L'avenir de l'Allemagne est sur mer », avait dit Guillaume II ; il aurait dû dire : « Une flotte puissante, complément nécessaire d'une armée invincible, est requise pour établir la domination universelle de l'Allemagne et l'empire mondial des Hohenzollern. »

Professant un profond mépris pour le Reichstag et pour tous les Parlements, Bismarck dut recourir maintes fois à la dissolution pour faire triompher ses innocentes « novelles » militaires. Ses successeurs furent plus heureux ; c'est aux plus faibles d'entre eux, au général von Caprivi et au docteur von Bethmann-Hollweg, qu'échut l'honneur d'opérer les réformes militaires les plus considérables. Sur ce terrain encore, la rédaction de l'exposé des motifs fut toujours un simple jeu d'enfant. Dans son discours du 8 février 1888, Bismarck en avait fourni le modèle :

Nous devons nous efforcer à être toujours prêts à parer à toutes les éventualités. Notre situation géographique nous oblige à faire des efforts plus grands que les autres Puissances. Nous habitons au centre de l'Europe. Trois de nos fronts sont vulnérables ; la France l'est seulement à l'est, la Russie à l'ouest. A la suite du développement historique du globe, de notre situation géographique et du manque de cohésion intérieure dont a souffert l'Allemagne, nous sommes, plus que les autres peuples, exposés au danger des coalitions. Dieu nous a donné une situation spéciale : nos voisins nous interdisent d'être paresseux ou inertes. Il a placé à nos côtés les Français qui sont la nation la plus guerrière et la plus remuante, et il a laissé grandir en Russie des instincts guerriers qui furent moins vifs aux siècles précédents. De deux côtés, nous recevons l'éperon et nous sommes contraints à faire des efforts que, sans cela, nous n'accomplirions probablement pas. Dans l'étang européen, les brochets qui, dans nos deux flancs, poussent leurs pointes, nous empêchent de devenir des carpes ; ils nous imposent des efforts que nous ne ferions sans doute pas de bon gré et une union qui répugne à notre nature allemande ; car nous préférerions nous éloigner les uns des autres. Placés entre la presse russe et la presse française, l'union nous est nécessaire et la compression accroît notre cohésion ; nous devenons indéchirables, comme le sont naturellement les autres nations et comme nous ne le sommes pas jusqu'à présent. Nous devons répondre à cette décision de la Providence et nous rendre assez forts pour que les brochets ne puissent plus que nous encourager.

Ce *leitmotif* revient dans les chansons des Caprivi, des Hohenlohe, des Bulow, des Bethmann-Hollweg ; ses variations dépendent du talent du compositeur, des circonstances et des préférences de l'auditoire. Lorsque l'Allemand moyen regarde vers l'est, on fait vibrer la corde antirusse ; on évoque le danger français quand un incident récent, né par hasard ou artificiellement suscité, préoccupe les esprits. Le péril anglais n'a pas besoin d'être signalé à ceux — et ce sont tous les Allemands — qui ruminent la « phrase ailée » de l'empereur.

Toutes ces variantes servirent à tour de rôle quand il fallut, au printemps 1913, introduire au Reichstag et faire acclamer par le peuple la formidable loi militaire qui montra l'imminence de la guerre et les mesures fiscales destinées à en couvrir les frais. Opportunément, le centenaire de 1813 multiplia les appels aux passions chauvines. Iéna, la reine Louise, le soulèvement prussien : la corde patriotique vibrait. La modification de l'équilibre européen par les guerres balkaniques fournissait un argument sérieux. L'Autriche-Hongrie « était à demi-paralysée par les Slaves méridionaux ». Les déboires des Turcs, instruits par les von der Goltz et consorts, outillés par Krupp et les établissements Vulkan, avaient ébranlé la foi en l'invincibilité des légions allemandes. A l'intérieur, on avait porté atteinte au renom d'une organisation militaire à nulle autre pareille. Le savetier de Koepenick avait fait bien du mal ; en février 1913, pendant que Moyse II se pavanait et palabrait sur son Sinaï de la vieille Prusse un plaisant mobilisa la garnison de Strasbourg. L'Allemand lourdaud prête au ridicule, mais ne l'aime pas. Officiellement la *Norddeutsche Allgemeine Zeitung* rattacha les projets militaires aux progrès du slavisme dans les Balkans : « La résolution de renforcer de nouveau notre puissance militaire a été prise aussitôt après le revirement qui s'est produit dans la situation de l'Europe sud-orientale. »

Des Balkans à Moscou la distance n'est pas longue. M. von Bethmann-Hollweg la franchit dans son discours du 7 mars 1913 :

Si jamais il se produisait une conflagration européenne qui mette face à face les Slaves et les Germains, il serait pour nous plus désavantageux que la place occupée autrefois par la Turquie d'Europe dans l'équilibre des forces fût prise maintenant en partie par les Etats slaves... Je ne dis point ceci parce que je considère comme absolument nécessaire qu'un choc se produise entre les Slaves et les Germains. Bien des écrivains soutiennent le point de vue opposé. C'est une entreprise dangereuse. ...Le Gouvernement russe, notre grand voisin slave, entretient avec nous des rapports amicaux. Cependant, « les courants panslavistes » dont Bismarck se plaignait déjà ont été puissamment renforcés par les victoires des Slaves dans les Balkans, et cela peut faire naître un antagonisme russo-allemand, puisque cela a déjà fait naître des polémiques de presse austro-russes et que notre fidélité d'alliés s'étend au-delà des ressources de la diplomatie.

La Sainte-Alliance était loin, de même l'entente des Trois Empereurs. La Russie, imitant l'Allemagne, perfectionnait ses armements et, ainsi que le lui commandaient les devoirs de l'alliance russo-française, se concertait de temps à autre avec l'état-major français. Refusant d'être serve, parjure, antislave, elle devint une ennemie et contre elle le premier fonctionnaire de l'Empire invoqua le témoignage de journalistes autrichiens et russes sans mandat.

C'est à la *Gazette de Cologne* que revint l'honneur de signaler à temps la présence et les redoutables agissements de « l'ennemie héréditaire ». Son *leader* du 10 mars 1913 portait ce titre promettant : *Der Friedenstoerer* (Celui qui trouble la paix) :

C'est de France, écrivit l'aimable auteur du factum criminel, que... viendra le prochain danger. Nous ne voulons pas estimer au-dessous de leur valeur les éléments politiques qui résultent de la nouvelle situation dans les Balkans. Mais quand on demande des sacrifices tels que ceux qu'on réclame actuellement au pays, il faut nettement montrer le danger le plus prochain qui nous menace, c'est-à-dire la France. Jamais nos relations avec notre voisine de l'ouest n'ont été aussi tendues... Jamais il n'a été aussi évident qu'en France on ne revendique l'alliance russe et l'amitié anglaise que pour conquérir l'Alsace-Lorraine...

Provocation criminelle, intentionnellement criminelle ! Ou le scribe irresponsable qui la commit ignorait tout de la France, et, dans ce cas, la probité élémentaire lui interdisait d'écrire, ou il était au courant de l'opinion publique française, et il devait s'abstenir d'en faire cette caricature ignoble. On s'appuyait en France sur l'alliance franco-russe, strictement défensive, et on comptait sur l'entente franco-anglaise qui n'impliquait qu'un appui diplomatique limité à deux pays coloniaux pour se garantir contre une agression allemande. Témoin des brutalités sans nombre que la barbarie prussienne infligeait aux Alsaciens et aux Lorrains, la France pleurait en silence ; elle ne songeait pas à mettre l'Europe en feu et en sang pour guérir sa cruelle blessure. « Depuis Agadir, ajouta la feuille rhénane, tous les Allemands savent qu'un jour ou l'autre on nous forcera à la guerre. » Depuis Agadir, il était évident qu'un jour ou l'autre les Allemands renonceraient à la diplomatie

« armée » pour en venir à l'*ultima ratio*. Tout homme à l'œil clair et à l'intelligence lucide savait aussi que l'incendie allumé par l'Allemagne embraserait l'univers entier non pas en raison du jeu des alliances, mais parce qu'aucun pays ne veut ni ne peut tolérer l'épouvantable hégémonie prussienne.

La Wilhelmstrasse blâma l'article de la *Gazette de Cologne* que, si nous en croyons la *Kreuzzeitung* ultra-conservatrice, elle-même avait inspiré. Bien que des incidents divers dont la subite multiplicité semblait dénoter une origine commune (1) eussent surchauffé l'atmosphère et que la honteuse campagne contre la légion étrangère eût excité les esprits, M. von Bethmann-Hollweg déclara au Reichstag, que les rapports franco-allemands « étaient bons ». Et il ajouta :

Dans son discours du 11 juin 1887, Bismarck disait : « Si les Français sont décidés à attendre que nous les attaquions, nous sommes certains que la paix est assurée pour toujours. » La situation n'a pas changé depuis. Aujourd'hui, il y a toutes raisons de croire que le Gouvernement français actuel désire vivre en paix avec l'Allemagne, et, d'ailleurs, la guerre est devenue chose si terrible « qu'aucun homme d'État n'est assez frivole pour approcher la mèche du baril de poudre ». Mais « la force de l'opinion

---

(1) Raid d'un Zeppelin à Lunéville, 3 avril 1913 ; altercation entre noctambules français et allemands dans un café de nuit à Nancy, 3 avril 1913 ; invasion d'un groupe de boy-scouts allemands à Novéant, 20 avril 1913 ; atterrissage d'un biplan militaire allemand à Arracourt, 22 avril 1913.

publique s'est accrue de notre temps et, plus les institutions sont démocratiques, plus les minorités ont d'influence dans les périodes de passions ».

Les événements n'ont pas confirmé cette rhétorique inconsidérée. L'Allemagne a commis l'acte frivole ; sa barbarie a accru les horreurs de la guerre ; la promesse de Bismarck est oubliée. « La France, avait dit encore le chancelier, se croit sinon supérieure, du moins égale à l'Allemagne, grâce à l'excellence de son armée. Dans son illusion, elle a déjà gagné la victoire. » Ces sottises ne méritent pas qu'on les réfute. Il est étrange qu'un homme d'Etat apparemment responsable leur ait prêté l'appui de son autorité.

Au printemps 1913, la France n'hésita pas à encourir le courroux de son irritable voisine. Obéissant à son devoir, M. Millerand, ministre de la Guerre du cabinet Poincaré, étudia consciencieusement les conséquences que devait avoir la rapide application de la loi allemande du 14 juin 1912 sur l'organisation de l'armée française. On décida d'ajouter quelques dizaines de mille hommes aux effectifs de paix, de compléter l'outillage, d'opérer quelques réformes secondaires. Le 22 janvier 1913, le *Lokal-Anzeiger* officieux dévoila les ambitions nouvelles de l'état-major allemand. Un mois plus tard, le 21 février, M. von Bethmann-Hollweg posa ce principe qui entraînait un accroissement énorme de l'armée : « Le peuple allemand veut que tous ceux qui peuvent être soldats le deviennent effectivement. » En 1911, les conseils de révision avaient accepté seulement 66,9 0/0 en Alsace, 42,3 0/0 au Brandebourg et, dans l'Allemagne tout entière, 53,4 0/0 des jeunes recrues examinées par eux. Aussitôt on parla d'une augmentation de 118,000 hommes qui porterait l'effectif de paix aux environs de 850,000 hommes, d'importants travaux stratégiques, du renforcement et du maintien sur pied de guerre des corps d'armée stationnés sur les frontières russe et française.

« Je m'empresse toujours de maintenir et d'augmenter sur terre et sur mer la défense nationale de notre peuple », avait dit Guillaume II en mars 1912 ; il n'oubliait pas cette parole, séduisante pour son amour-propre, dangereuse pour son peuple. En 1900, l'effectif de paix de l'armée impériale atteignait 600,516 hommes, dont 23,580 officiers et 80,556 sous-officiers. Pendant une décade, le régime des septennats lui fit faire quelques lents progrès. En 1911, l'année d'Algésiras, le *Statistisches Jahrbuch* dénombra 25,880 officiers, 86,442 sous-officiers et un effectif total de 626,732 hommes. Ce fut ensuite la course folle et la danse des milliards, *la préparation immédiate de la guerre qu'on savait et qu'on voulait imminente.*

Les lois de 1912 et de 1913 créèrent ces effectifs :

	1912	1913
Soldats	544.000	661.000
Sous-officiers	95.000	110.000
Officiers	28.000	32.000
Volontaires	14.000	15.000
Officiers et employés d'administration	40.000	48.000
	721.000	866.000

L'armée française comptait 480,000 hommes. Emportés par un superbe élan de patriotisme, le Gouvernement, le Parlement et l'opinion publique décidèrent le retour au service de trois ans pour compenser l'inévitable supériorité numérique des armées allemandes. L'histoire célèbrera les hommes d'Etat qui, au prix d'une passagère impopularité, sauvèrent la France et l'Europe de l'hégémonie prussienne. La loi Barthou fut votée par la Chambre des Députés, le 19 juillet et, le 7 août 1913, par le Sénat.

L'Allemagne s'en offensa ; l'immense majorité du Parlement français — 358 députés et 245 sénateurs — fut accusée et convaincue du crime de lèse-impérialisme.

Depuis quelque temps déjà, écrivit le lieutenant-colonel Serret à M. Etienne (1), on rencontre des gens qui déclarent les projets militaires français extraordinaires et injustifiés.

____

(1) Livre jaune, Dépêche du 15 mars 1914.

Dans un salon, un membre du Reichstag et non un éner
gumène, parlant du service de trois ans en France, allait
jusqu'à dire : « C'est une provocation, nous ne le permet-
trons pas. » De plus modérés, militaires ou civils, soutiennent couramment la thèse que la France, avec ses quarante millions d'âmes, n'a pas le droit de rivaliser ainsi
avec l'Allemagne... Au moment... où la force militaire
allemande est sur le point d'acquérir cette supériorité
définitive qui nous forcerait à subir, le cas échéant, l'humiliation ou l'écrasement, voici que soudain la France
refuse d'abdiquer, et qu'elle montre, comme disait Renan,
« son pouvoir éternel de renaissance et de résurrection ».
On comprend à merveille le dépit allemand.

Ce dépit ne se comprendrait chez aucun peuple.
En s'armant pour parer au danger allemand, la
France a agi dans la plénitude de ses droits d'Etat
indépendant et accompli son devoir suprême.
Fidèles aux méthodes qu'enseignent et pratiquent
ses intellectuels, l'Allemagne représenta son projet
militaire comme une réponse à la provocation
française. Elle possède des philosophes dont la
pensée échappe aux profanes, des littérateurs de
génie qui voilent l'absence des conceptions sous
une phraséologie abondante. Si, descendant un
instant de leur piédestal, les Sombart, les Schmol-
ler, les Lujo Brentano avaient daigné consulter
quelques dates, l'incrimination stupide n'aurait
jamais vu le jour. M. Jules Cambon en fit justice
en ces quelques lignes :

Les innovations de l'Allemagne ont fait surgir un fait
inattendu pour elle : la proposition du Gouvernement de

la République rétablissant le service de trois ans, et la résolution virile avec laquelle cette proposition a été accueillie en France. L'impression d'étonnement que ces projets ont produite a été mise à profit par le Gouvernement impérial pour insister sur la nécessité absolue de l'augmentation des forces militaires de l'Allemagne ; ses projets ont été présentés comme une réponse. C'est le contraire de la vérité, puisque l'immense effort militaire que la France accepte n'est que la conséquence des initiatives de l'Allemagne.

C'est l'évidence même. Mais l'évidence n'est pas admise en Allemagne lorsqu'elle heurte des rêves d'impossible et de folle grandeur. Le 30 juin 1913, le Reichstag adopta en troisième lecture les deux projets de loi du gouvernement. La loi militaire fut votée par les conservateurs et repoussée par les socialistes ; la loi fiscale qui la complète fut votée par les socialistes et repoussée par les conservateurs. Qu'importait ? M. von Bethmann-Hollweg et le général Josias von Heeringen, ministre de la guerre, triomphaient. Les dépenses permanentes étaient assurées par ces ressources :

	Marks.
Impôt sur la fortune.	95.000.000
Impôt du timbre.	50.000.000
Majoration des droits de succession	10.000.000
Plus-value des impôts existants. .	16.000.000
Droits sur le sucre (maintenus). .	40.000.000
	211.000.000

Les dépenses non renouvelables — 998 millions

de marks — furent couvertes par une sévère contribution militaire, payable en trois annuités et contraire en tous points à la tradition fiscale de l'Empire. De même que le maintien sous les drapeaux de la classe française dont le service normal se terminait en octobre 1913 avait donné à la loi du 7 août 1913 une sorte d'effet rétroactif, la loi allemande fut appliquée dès sa promulgation. Il est à présumer que certaines dispositions d'exécution furent prises au cours des discussions parlementaires. Il s'agissait d'accroître « les forces de combat rapidement prêtes à faire le coup de feu » et de permettre à l'armée « de passer plus aisément, et en un temps très court, de l'état de paix à l'état de guerre ». (1) Il fallait se hâter et on se hâta :

La construction des forteresses devra être rapidement terminée, afin qu'elles puissent offrir de précieux points d'appui aux armées en campagne. Toutes les mesures prévues dans l'infanterie, la cavalerie et l'artillerie seront, étant donné leur caractère d'urgence, exécutées en octobre 1913. Dans les armes spéciales, certaines difficultés d'application obligeront à répartir l'exécution de ces mesures sur quelques années. Par contre, toutes les mesures prescrites par la loi de 1912 qui auraient pu s'échelonner jusqu'en 1915 seront achevées dès l'automne de cette année. De même, on devra hâter les achats de matériel de guerre de toute nature, comme dans les budgets des années précédentes (2).

---

(1) *Norddeutsche Allgemeine Zeitung*, numéro du 28 mars 1913.

(2) *Norddeutsche Allgemeine Zeitung*, citée par Viallate et Caudel, *La Vie politique dans les deux Mondes*, VII⁰ année, page 151.

La loi du 30 juin 1913 était, si nous en croyons le témoignage de l'organe officiel de la Chancellerie, extrêmement urgente et strictement défensive ; la juxtaposition de ces deux adjectifs est au moins curieuse. L'Allemagne arme, parce qu'elle aime la paix ; elle arme formidablement parce qu'elle aime la paix passionnément. Dans l'opinion de M. von Bethmann-Hollweg, l'amour de la paix est en raison directe de l'importance des armements. La paix qu'elle envisage est une paix allemande, *pax germanica*, imposée par elle et pour son seul profit. « La sécurité, écrivit la *Gazette de Cologne*, nous rend libre la voie vers une politique mondiale productive. Nous sommes encore tout à ses débuts. De longs chemins pleins de promesses s'ouvrent à nous en Asie et en Afrique. » C'est la répétition de Tanger, d'Algésiras, d'Agadir, la mainmise sur des terres que, sur tous les points du globe, l'Allemagne convoite pour étendre ses débouchés, c'est « fortifier et accroître le *Deutschtum* (puissance germanique) dans le monde entier, (1) c'est le champ libre aux ambitions des pangermanistes, amis du kronprinz qui « ne trouve pas la situation de l'Empire dans le monde égale à sa puissance ». (2) Situation de

---

(1) Livre jaune, numéro 2, Annexe, page 11.

(2) Livre jaune, Dépêche de M. Jules Cambon, du 22 novembre 1913, numéro 6, page 19.

l'Empire dans le monde, puissance de l'Empire :
ces deux termes sont convertibles. Avant la loi
du 30 juin 1913 la situation de l'Empire était
supérieure à sa puissance ; après cette loi, la
puissance l'emporte ; il faut accroître la situation pour rétablir l'égalité. La chaîne est sans fin,
comme les ambitions allemandes sont sans limites.

Les Allemands, écrivit le lieutenant-colonel Serret, le
15 mars 1913, (1) désirent la paix... et l'Empereur plus
que tout autre, mais ils ne l'entendent pas dans le sens
de concessions mutuelles ni d'équilibre des armements,
ils veulent qu'on les craigne et ils sont en train de faire
les sacrifices nécessaires.

La politique défensive qu'appuie une armée de
860,000 hommes en pleine paix est hargneuse,
conquérante, défiante. La moindre menace vraie
ou imaginaire suffit pour provoquer l'offensive.
Les successeurs de Frédéric II et de Bismarck
sont passés maîtres dans l'art criminel de susciter
des incidents internationaux. M. von Bethmann-
Hollweg se prévaut de vaines polémiques de presse;
d'autres font appel à l'instabilité ministérielle en
France ; d'autres, tel ce bon vieux prince Henckel
von Donnersmark, redoutent « que l'opinion publique, si prompte à s'enflammer en France, ne mette
quelque jour le Gouvernement de la République
dans l'obligation de faire la guerre à l'Allemagne».(2)

---

(1) Livre jaune, numéro 1, Annexe I.
(2) Livre jaune, numéro 1, Annexe II.

Avec perspicacité — ainsi sied-il à des diplomates — et avec courage — ainsi convient-il à des diplomates français — les agents de la République à Berlin et à Munich analysent et signalent le danger croissant.

Le 17 mars 1913, M. Jules Cambon s'inquiète de la recrudescence des agitations chauvines qu'exaltent les autorités impériales et conclut « que la situation est grave ». (1) M. de Faramond, attaché naval près l'Ambassade de France à Berlin, signale que les haineuses insinuations de l'article du 10 mars de la *Gazette de Cologne* sont partagées « par l'immense majorité du peuple allemand ». (2) En Bavière, M. Allizé constate un « état d'esprit d'autant plus inquiétant que le Gouvernement impérial se trouverait actuellement soutenu par l'opinion publique dans toute entreprise où il s'engagerait vigoureusement, même aux risques d'un conflit ». (3) Le 22 novembre 1913, M. Jules Cambon annonce que « l'hostilité contre nous s'accentue et que l'Empereur a cessé d'être partisan de la paix ». Il apparut, au cours d'une conversation qui eut lieu au début du mois entre le roi des Belges, Guillaume II et le général de Moltke, que « l'empereur d'Allemagne n'est

---

(1) Livre jaune, numéro 1, page 10.
(2) Rapport du 15 mars 1913, Livre jaune, numéro 1, Annexe
(3) Dépêche du 10 juillet 1913, Livre jaune, numéro 4.

plus... le champion de la paix contre les tendances belliqueuses de certains partis allemands. Guillaume II en est venu à penser que la guerre avec la France est inévitable et qu'il faudra en venir là un jour où l'autre. Il croit naturellement à la supériorité écrasante de l'armée allemande et à son succès certain. Le général de Moltke parla exactement comme son souverain ». Tenant compte de la précarité de la situation générale, l'éminent diplomate insiste sur « le fait nouveau que l'Empereur se familiarise avec un ordre d'idées qui lui répugnait autrefois » et recommande « de tenir notre poudre sèche ». (1)

« Avec 700.000 hommes sous les armes (sans compter les réservistes fort nombreux qui sont actuellement en instruction), une organisation militaire parfaite et une opinion publique qui se laisse dominer par les appels belliqueux de la Ligue militaire et de la Ligue navale, *le peuple allemand est à cette heure un voisin bien dangereux.* » Un avenir prochain devait démontrer la cruelle vérité de cette opinion de M. de Faramond (2).

---

(1) Livre jaune, numéro 6, page 19.

(2) Dépêche du 15 mars 1913, Livre jaune, numéro 1, Annexe II. —Le Chapitre premier du Livre jaune : « Avertissements » démontre péremptoirement la préméditation allemande ; nous en conseillons la lecture à tous ceux qu'intéressent les origines de la guerre de 1914-1915.

TABLE DES MATIÈRES

Préface. I

Chapitre premier. — Le crime de Sarajevo 1

Chapitre II. — L'ultimatum du 23 juillet 1914 34

Chapitre III. — L'alliance austro-allemande. 72

Chapitre IV. — L'alliance franco-russe et l'Allemagne. 106

Chapitre V. — L'Entente franco-anglaise. 145

Chapitre VI. — La Conférence d'Algésiras et le système des alliances. 182

Chapitre VII. — Vers la Guerre. 222

Paris. — Imprimerie Nouvelle (association ouvrière), 11, rue Cadet.
A. Mangeot, directeur. — 2049-11.